JN097290

自治体DXでどうなる
Digital Transformation
地方自治の「近未来」

国の「デジタル戦略」と住民のくらし

本多滝夫・久保貴裕 著

自治体研究社

はしがき

　今年（2021年）、9月1日にデジタル社会形成基本法が施行され、これにあわせて、政府のデジタル化政策の「司令塔」となるデジタル庁が業務を開始しました。すでに企業経営の分野では、昨年5月に施行された改正情報通信促進法（いわゆるDX〔デジタル・トランスフォーメーション〕法）に基づいて、経済産業省の所管のDX認定制度の運用が始まっています。社会全体のDX、すなわち近未来社会とされているSociety 5.0（ソサエティ5.0）の実現に向けての動きが急テンポで進んでいます。

　自治体もその例外ではありません。昨年12月25日に政府全体に効力が及ぶ「デジタル・ガバメント実行計画（改訂版）」（閣議決定）が定められ、これに平仄をあわせて、同日に総務省は「自治体デジタル・トランスフォーメーション（DX）推進計画」を定めました。さらに、今年7月7日に、総務省は、「自治体DX推進手順書」を公表し、自治体に対しこれに従ってDXを推進するよう促しています。

　本書は、社会全体のDXとともに、転形（トランスフォーム）した自治体の「近未来」像を描くことで、政府が企図している自治体DXのねらいを明らかにしようとするものです。

　本書の第Ⅰ部「地方行政のデジタル化と地方自治」は、デジタル化、デジタル・トランスフォーメーション、Society 5.0といった基礎的な用語の意味ないしは内容の説明をしたうえで、第1に、デジタル化が資本主義の現代的な要請に基づくものであること、第2に、地方行政のデジタル化が、自治体行政のデジタル化だけでなく、自治体自体の変質、さらには地方自治制度の再編をもねらいとしていることを明らかにします。この2つの視点からみると、デジタル改革関連法が自治体から自治の要素を奪い、自治体に住民に対する責任を放棄させかねな

いものであることがわかります。そこで、第Ⅰ部では、地方行政のデジタル化そのものを否定するのではなく、持続可能な住民の生活保障や自治をより豊かなものとするという観点から、デジタル技術とネットワークを利用した「地方自治デジタル・プラス」を提唱しています。

　第Ⅱ部「『自治体DX推進計画』と自治体デジタル政策の課題」は、自治体DX推進計画のねらいを説明したうえで、自治体DXとして行われる、①デジタル政策の推進体制、②自治体情報システムの標準化・共通化、③行政手続のオンライン化、④AIの活用の4つの分野において、地方行政において公正さが損なわれたり、自治が失われたり、住民サービスがないがしろにされたりするおそれがあることを指摘します。そこで、第Ⅱ部では、推進体制については民主的な運営とデジタル人材の公務員としての身分保障を、情報システムについては自治体におけるカスタマイズする権利の保障を、オンライン化については窓口業務の積極的な維持を、そして、AIの活用については公務労働の質を高めるための補助手段にとどめることを提案しています。

　本書に収めた2つの論稿は、もともと、『デジタル化でどうなる暮らしと地方自治』（白藤博行・自治体問題研究所編、自治体研究社、2020年）に続く、自治体のデジタル化に関する自治体問題研究所の共同研究の成果の第2弾として、他の論稿とともに出版を予定していたものです。しかし、冒頭にも説明したように、自治体DXの推進が急速に展開する情勢にかんがみて、ブックレットとして先行的に緊急出版することにしました。このような事情から、本書は、なおも問題群のデッサンにとどまっていますが、住民の利便性の向上の側面が強調されがちな自治体DXに対し警鐘を鳴らす役割を果たすことができれば幸いです。

　2021年9月12日　　　　　　　　　　　　　本多滝夫　久保貴裕

「自治体 DX でどうなる地方自治の『近未来』」
目　次

タル企業で利益相反／総務省の想定を超えて、CIO、CDO に民間人材を登用する自治体も／「任期の定めのない常勤職員の原則」に反する／国の自治体支配につながるデジタル庁職員の兼務／公務の公正性を確保し、現場の実態や意見を反映する体制に

I　地方行政のデジタル化と地方自治

本多滝夫

はじめに

　第32次地方制度調査会（以下「第32次地制調」）が昨年（2020年）6月に安倍晋三首相（当時）に手渡した答申「2040年頃から逆算し顕在化する諸課題に対応するために必要な地方行政体制のあり方等に関する答申」（以下「答申」）は、「地方行政のデジタル化」を諸課題に対する解法のトップに掲げました。これ以降、「地方行政のデジタル化」は政府の主要な政策テーマとなりました。

　答申の翌月、7月17日に閣議決定された「経済財政運営と改革の基本方針2020」（いわゆる「骨太方針2020」）では、経済政策として「デジタルニューディール」が掲げられ、「デジタル・ガバメントの断行」がその柱とされるとともに（同5頁、15頁）、第32次地制調の答申に言及しつつ「国・地方を通じたデジタル基盤の統一・標準化」が政策課題の一つに挙げられたのでした（同17頁）。

　さらに、昨年8月の安倍首相のいきなりの辞任のあと、9月に政権を担当することになった菅義偉首相は、第203回臨時国会の所信表明において、新型コロナウイルス対策の遅れの一因を「行政サービスや民間におけるデジタル化の遅れ」に求め、「役所に行かずともあらゆる手続きができ」、「地方に暮らしていてもテレワークで都会と同じ仕事ができ」、「都会と同様の医療や教育が受けられる」社会を実現するために、「各省庁や自治体の縦割りを打破し、行政のデジタル化を進め」、「今後5年で自治体のシステムの統一・標準化を行い、どの自治体にお住まいでも、行政サービスをいち早くお届けします」と宣言しました。

　その後、行政のデジタル化の司令塔となるデジタル庁を設置する

「デジタル庁設置法案」、社会全体のデジタル化を目指す「デジタル社会形成基本法案」など5法案から成る「デジタル改革関連法案」と自治体のシステムの統一・標準化を進める「地方公共団体情報システムの標準化に関する法案」の準備が急ピッチで進められ、これらの法案は今年（2021年）1月に開会された第204回通常国会に上程され、様々な問題点が厳しく指摘されたにもかかわらず、5月に衆議院、参議院において相次いで可決されました（以下、成立した、これら6つの法律を合わせて「デジタル改革関連法」と呼ぶことにします）。

　ところで、地方行政のデジタル化というと、一般的には、菅首相が所信表明で言及したように、役所に行かなくても自宅からPCやタブレットを使って様々な届出や申請ができるようになることを想像するのではないでしょうか。あるいは、自治体職員であれば、手書きやワープロで稟議書を作成し、決裁された稟議書を公文書としてファイルに綴じて保管するといった事務作業の方式が、情報システムの表示するWeb画面の入力によって稟議書を作成し、情報システム上で決済された稟議書をデジタル状態のまま公文書としてサーバーに保存する方式に変わることを思い浮かべるかもしれません。いずれも地方行政のデジタル化によって実現されようとしていること、されつつあることには違いありません。

　しかし、地方行政のデジタル化は、地方行政における事務処理のデジタイゼーション（Digitization：文書作成や事務手続をアナログ形式からデジタル形式へ転換すること）だけを目的とするものではありません。地方行政のデジタル化は、地方行政そのもののデジタライゼーション（Digitalization：デジタル化された情報（データ）の活用とデータ相互の間の連携を可能とする、デジタル技術によるプラットフォームを形成すること）を目的とするものです。そして、デジタライゼーションの拡大・深化は、組織そのもののあり方の変革、すなわち自治体のデジタル・

トランスフォーメーション（Digital Transformation [DX]：デジタライ
ゼーションに対応できる ICT 人材を中心とする組織に再編し、組織文化を、
地域の課題をデジタライゼーションを通じて解決するといった志向に転換
すること）をも要請しています[1]。最後の点は、総務省が昨年 12 月 25
日に策定した「自治体デジタル・トランスフォーメーション（DX）推
進計画」において明瞭に示されています[2]。

　したがって、地方行政のデジタル化をオンライン化された事務処理
手続の拡大を目指すものでしかないと理解していると、いつのまにか
自治体そのものが変質してしまっている可能性があり、それに気が付
いたときは、「時すでに遅し」ということにもなりかねません。

　そこで、ここでは、地方行政のデジタル化が進行するとどのような
変化が自治体や住民生活に生じるのかを明らかにすることにします。

1　地方行政のデジタル化と Society 5.0

　さて、骨太方針 2020 では、「我が国も、デジタル化を原動力とした
『Society 5.0』実現の取組を推進してきているが、行政分野を中心に社
会実装が大きく遅れ活用が進んでおらず、先行諸国の後塵を拝してい
ることが明白となった」として、「デジタル化、そして、Society 5.0 の
実現は、経済社会の構造改革そのものであり、制度や政策の在り方や
行政を含む組織の在り方なども併せて変革していく、言わば社会全体
の DX の推進に一刻の猶予もない」旨が強調されています（同 5 頁）[3]。

1　デジタイゼーション、デジタライゼーションおよびデジタル・トランスフォーメーションの一般的な
　定義については、デジタル・トランスフォーメーションの加速に向けた研究会（経済産業省）「DX レポ
　ート 2（中間とりまとめ）」（2020 年 12 月 28 日）34-35 頁を参照。
2　自治体デジタル・トランスフォーメーション（DX）推進計画では「DX 推進のために自治体が取り組む
　べき事項を着実に実施するためには、以下の取組みを実施し、推進体制を構築することが望ましい」との
　観点から、推進体制の構成要素として「(1) 組織体制の整備」、「(2) デジタル人材の確保・育成」、「(3)
　計画的な取組み」、「(4) 都道府県による市区町村支援」が挙げられています。この計画にしたがって自治
　体が DX に着手しやすくするために、総務省において「自治体 DX 推進手順書」が公表されています。本
　書第Ⅱ部「『自治体 DX 推進計画』と自治体デジタル政策の課題」（久保貴裕執筆）を参照してください。
3　「経済財政運営と改革の基本方針 2021」（2021 年 6 月 18 日閣議決定）においても Society 5.0 は引き続

　第 32 次地制調も答申で、後述する通り、Society 5.0 に言及していますが、骨太方針 2020 はそれとは少し異なる問題意識、すなわち、Society 5.0 は経済社会の構造変革そのものであり、構造変革とは社会全体の DX であると把握しています。

　そこで、自治体の DX につながる「地方行政のデジタル化」を理解するために、まずは、社会のデジタル化、すなわちデジタライゼーションである Society 5.0 とは何かについて説明することにしましょう。

　Society 5.0 とは、総合科学技術・イノベーション会議が 2016 年 1 月に策定した「第 5 期科学技術基本計画」（以下「基本計画」）で採用された考え方で、一種の人間社会に関する進歩史観を模倣したもので、人間社会は、狩猟社会＝Society 1.0、農耕社会＝Society 2.0、工業社会＝Society 3.0、情報社会＝Society 4.0 の 4 段階を辿って進歩してきたとの認識に基づいています。そして、現時点の情報社会のつぎに来る社会だから、Society 5.0 ということになるわけです。

　さて、基本計画によれば、Society 5.0 はサイバー空間とフィジカル空間を高度に融合させた「超スマート社会」であって、「必要なもの・サービスを、必要な人に、必要な時に、必要なだけ提供し、社会の様々なニーズにきめ細かに対応でき、あらゆる人が質の高いサービスを受けられ、年齢、性別、地域、言語といった様々な違いを乗り越え、活き活きと快適に暮らすことのできる社会」（同 11 頁）だそうです。

　Society 4.0 の社会と Society 5.0 の社会との違いは何でしょうか。いま私たちが生きている社会、Society 4.0 は情報社会で、私たちはネットワークでつながったコンピュータを利用して、情報のやりとりを行っています。情報をコンピュータに入力するのも、コンピュータから出力した情報を利用するのも、私たち人間です。ところが、基本計画

き実現すべき目標とされています（「最先端のデジタル国家になるとともに、サイバーセキュリティを確保しつつ自由で開かれたデジタル空間を発展させ、Society 5.0 を実現する。」〔同 3 頁〕）。

によれば、Society 5.0 と称される社会は、「ICT を最大限に活用して、サイバー空間とフィジカル空間（現実社会）とを高度に融合させた取組」によるものだとされています（同 11 頁）。

その具体的なイメージは、内閣府の紹介サイトによれば、次のとおりです。

　「Society 5.0 では、フィジカル空間のセンサーからの膨大な情報がサイバー空間に集積されます。サイバー空間では、このビッグデータを人工知能（AI）が解析し、その解析結果がフィジカル空間の人間に様々な形でフィードバックされます。今までの情報社会では、人間が情報を解析することで価値が生まれてきました。Society 5.0 では、膨大なビッグデータを人間の能力を超えた AI が解析し、その結果がロボットなどを通して人間にフィードバックされることで、これまでには出来なかった新たな価値が産業や社会にもたらされることになります。」（https://www8.cao.go.jp/cstp/society5_0/）

自分に向けられたとしか思えないような、インターネット上の広告のポップアップ、いわゆるターゲッティング広告といわれるものですが、これが両空間の融合の産物の一例です。

Society 5.0 とは、このような融合が、生産、販売、輸送、消費、さらには教育・福祉といった対人サービスなど人間の生活のあらゆる場面に浸透した社会といってよいでしょう。

それにしても、Society 5.0 は、なぜ実現されなければならないのでしょうか。前出の内閣府の紹介サイトにはつぎのような説明があります。

　「Society 5.0 で実現する社会は、IoT（Internet of Things）で全ての人とモノがつながり、様々な知識や情報が共有され、今までにない新たな価値を生み出すことで、これらの課題や困難を克服します。また、人工知能（AI）により、必要な情報が必要な時に提供されるようになり、ロ

図表 1 − 1　Society 5.0 で実現する社会

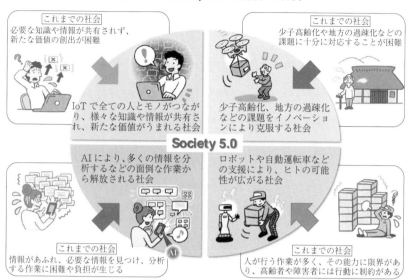

（出所：内閣府 HP Society 5.0 より https://www8.cao.go.jp/cstp/society5_0/）

ボットや自動走行車などの技術で、少子高齢化、地方の過疎化、貧富の格差などの課題が克服されます。社会の変革（イノベーション）を通じて、これまでの閉塞感を打破し、希望の持てる社会、世代を超えて互いに尊重し合あえる社会、一人一人が快適で活躍できる社会となります。」

　Society 5.0 が実現すると、現在、日本社会が抱えているさまざまな課題が解決されるようです。たしかに、Society 5.0 では、東京に住まなくても地方に住んで十分仕事ができるようになるので、「東京一極集中による人口の過度の偏在の緩和や、これによる大規模な自然災害や感染症等のリスクの低減も期待できる」（答申 4 頁）わけで、第 32 次地制調が「社会のデジタル化」である Society 5.0 に希望を見出したのも理由がないわけではないでしょう。

　しかし、Society 5.0 をこのような側面だけでみるのは、あまりにナ

イーヴな見方といってよいかもしれません。というのは、前出の骨太方針 2020 が指摘しているように、政府の推進するデジタル化は、「経済社会の構造改革」、「社会全体の DX」を企図しているからです。

2　デジタル化と資本主義の転回

　デジタル化はそもそも経済にどのような意味をもっているのでしょうか。

　経済学者の諸富徹教授は、著書の『資本主義の新しい形』（岩波書店、2020、〔以下「諸富」〕）において「デジタル化」に象徴される資本主義の構造変化を「資本主義の新しい形」だと分析しています。諸富教授は、日本企業の産業競争力の低下の原因を、現代資本主義における価値創出の真の源泉を認識することなく、高度経済成長期以来の「ものづくり」に励み続けていたことにあり、これに対して、成功しているアメリカの企業は、「非物質的な要素」が現代資本主義における競争優位の源泉であることを理解し、「非物質的」投資を怠らなかったところにあると分析しています（諸富 6-7 頁）。そして、教授は、アメリカの企業にみるように、「物的なもの」が「非物質的なもの」によって新たな価値を与えられ、資本主義が新しい発展段階へ進化を遂げる、こうした移行現象を「資本主義の非物質主義的転回」と呼んでいます（諸富 43 頁）。

　諸富教授が指摘する「資本主義の非物質主義的転回」こそがデジタル化の本質といってよいでしょう。支配的な生産様式が「非物質主義的転回」を遂げようとするとき、その生産様式に規定された社会構成体もまた「非物質主義的転回」を余儀なくされているわけです。にもかかわらず、日本の社会構成体の下部構造を担う企業が世界の「非物質主義的転回」にキャッチアップできない状態にあります。そこで、日本政府は、骨太方針 2020 でも示したように、Society 5.0 の実現を掲げ

ることで、社会構成体の上部構造の DX、つまり「デジタル・ガバメントの断行」から日本の資本主義の「非物質主義的転回」を果たそうというわけです。

3　地方行政のデジタル化と地方自治制度再編との関係

(1)　地方自治制度の抜本的再編案＝自治体戦略 2040 構想

　ところで、地方行政のデジタル化は地方制度を調査審議することを任務とする地方制度調査会の提案である以上、やはり、地方自治制度の再編との関係で理解しておかなければなりません。地方行政のデジタル化という用語は使ってはいませんが、ICT 技術の活用による地方自治制度の改革の必要性を説いた提案が、第 32 次地制調が設置される前に総務省関係の研究会によってされていました。総務省が 2017 年10 月に自治行政局を事務局として省内においた「自治体戦略 2040 構想研究会」（以下「研究会」）です。

　研究会は 2018 年 4 月に「第 1 次報告—人口減少下において満足度の高い人生と人間を尊重する社会をどう構築するか—」（以下「第 1 次報告」）、同年 7 月に「第 2 次報告—人口減少下において満足度の高い人生と人間を尊重する社会をどう構築するか—」（以下「第 2 次報告」）を公表しました。研究会は、急速な人口減少のなか高齢者率がピークに達する「2040 年頃にかけて迫りくる我が国の内政上の危機」に対応することができる「新たな自治体行政の考え方」として、①スマート自治体への転換、②公共私による暮らしの維持、③圏域マネジメントと二層制の柔軟化、そして、④東京圏のプラットフォーム、といった 4 点を提案しました（第 2 次報告）。それは、2040 年に備えて自治体のあり方を根底から改変しようとする地方自治制度の再編構想です。

　研究会の構想（以下「2040 構想」）の基本的な問題は、国の各府省はいろいろな施策を繰り出し、自治体は国が繰り出した施策を最大限発

揮できるように基盤を整えなさいと言っているところにあります。自
治体は個々の部分最適を追求すべきではない：それをすると「合成の
誤謬」となり、全体としての最適には至らない：だから、自治体は、
自分たちで独自の行政を展開するのではなくて、国が定める標準的な
行政で良しとしなさい、ということです。2040構想はこのようなイメ
ージで国と地方の関係をとらえています。

　国の各府省の施策は何かといえば、Society 5.0、公的サービスの「産
業化」、広域化と市町村合併の推進です。この施策を実現していく自治
体行政の姿を示すキーコンセプトが、「スマート自治体」（AIやロボティ
クスによって自治体職員が半減した自治体）、「公共私の連携」（スマー
ト化によって職員が半減した自治体では担えなくなった公共サービスを支え
る、シェアリング・エコノミー、地域運営組織などから構成されるプラッ
トフォーム）、「圏域」（中心市に周辺自治体のマネジメントをさせることで、
自治体と各府省の施策の機能が最大限発揮できるプラットフォーム）なの
です。2040構想は、第32次地制調への諮問事項に引き継がれました。

(2)　第32次地制調答申における地方行政デジタル化

　第32次地制調は、答申で、地方行政のデジタル化に関する「基本的
な考え方」の冒頭に、「2040年頃にかけて生じる変化・課題、そして
大規模な自然災害や感染症等のリスクにも的確に対応し、持続可能な
形で行政サービスを提供するためには、国・地方を通じた行政のデジ
タル化を進め、デジタル・ガバメントを実現することで、新たな時代
にふさわしい環境を整えることが喫緊の課題である」と説明していま
す（答申5頁）。なるほど、答申が自治体に求める対応の一番目として
地方行政のデジタル化を掲げるにはそれなりの理由があるわけです。

　しかし、地方行政のデジタル化の直接の目的は、「従来の技術や慣
習を前提とした行政体制を変革」し、これを通じて「住民、企業等の

様々な主体にとって利便性」を向上させるとともに、「公共私の連携や地方公共団体の広域連携による知識・情報の共有や課題解決の可能性」を広げるなど、「組織や地域の枠を越えたイノベーション創出の基盤」を構築するところにあります（同5頁）。

　ともあれ、これらの説明から、「デジタル・ガバメントの実現」、すなわち「国・地方を通じた行政のデジタル化」の一環として遂行されるものである点で、地方行政のデジタル化には、デジタル技術を通じて国の行政と自治体の行政相互の間で垂直的連携・統合を図ろうとする契機、そして、「公共私の連携」、「地方公共団体の広域連携」といった「組織や地域の枠を越えたイノベーション創出の基盤」を構築するために遂行されるものである点で、デジタル技術による情報連携を通じて、公共私相互の間の水平的連携・統合を図ろうとする契機や自治体相互の間の公共サービスの水平的連携・統合を図ろうとする契機が存在していることをみてとることができます。

　したがって、「今後の取組の方向性」として答申は、①国・地方を通じた行政手続のデジタル化、②地方公共団体の情報システムの標準化、③AI等の活用、④人材面での対応、⑤データの利活用と個人情報保護制度といった5点を地方行政のデジタル化を進める方策として挙げていますが（同7-9頁）、これらは上記の3つの方向性の観点から評価する必要があります。

　たとえば、①は、自治体の行政手続のオンライン化を促すものですが、法定事務を処理するための基幹系システムの標準化を求める②と相俟って、国の行政と自治体の行政相互の間で垂直的連携・統合を進めることになります。

　さらに、③は自治体におけるAI技術の活用と共同利用を求め、それを実現するために④は国に対し自治体におけるICT人材の確保の支援を要請するものですが、答申が第3の方策として掲げる「第4　地

方公共団体の広域連携」の項目のもとにある ICT 人材を含む専門人材
の確保に関する叙述（「外部人材を共同活用することなどが有用である」、
「一連の事務処理過程のうち専門人材によることが必要な部分に係る事務の
代替執行、専門人材を配置した内部組織の共同設置等の取組も行われてい
る」〔同 15 頁〕）——と関係づけて読むならば、③も④も自治体相互の間
の水平的連携・統合を促すものといえましょう。

　また、答申が第 2 の方策として掲げる「第 3　公共私の連携」の項目
では、地方行政のデジタル化が「住民、企業等による地域の課題解決
への参画を容易にし、さらには、公共私の連携による新たなサービス
の共創にもつながる」（同 11 頁）ものであるとの評価に照らせば、「地
方行政のデジタル化」は、「公共私の連携」の要とされている「プラッ
トフォーム」の構築にとって必要不可欠な手段といえましょう。この
脈絡で⑤を読むならば、「知識・情報の共有による課題解決の可能性
を広げ、効果的・効率的にサービスを提供するためには、地方公共団
体が全て自前で行うよりも、組織や地域の枠を越え、官民が協力して、
相互のデータの利活用や、アプリケーション開発等の取組を進めるこ
とが重要で」あって、「そのためには、公共データのオープン化等によ
るデータ利活用環境の充実も求められる」（同 9 頁）といった⑤にある
指摘は、公共私相互の間の水平的連携・統合を促すものだといってよ
いでしょう。

　こうして、地方行政のデジタル化は、自治体の自主性を弱体化し、国
への集権化を促し、自治体の領域的自治のハードルを下げ、圏域の形
成を促し、さらには、公共私のプラットフォームの形成を促し、自治
体の住民に対する責任を分散化することにつながるでしょう。

　ともあれ、答申で示された地方行政のデジタル化の取組みの方向性
は、本年（2021 年）の第 204 回通常国会において成立したデジタル改
革関連法および地方公共団体情報システム標準化法において法制度化

されました。

4　デジタル改革関連法と自治体

　デジタル改革関連法は、「デジタル庁設置法」など６法律で構成されています。ここでは、地方行政のデジタル化と密接に関係する「デジタル社会形成基本法」（以下「基本法」）、「デジタル社会の形成を図るための関係法律の整備に関する法律（以下「整備法」）、そして、情報システムの標準化を通じて地方行政のデジタル化を推進することを目的とする、内閣府と総務省の共管の「地方公共団体情報システムの標準化に関する法律」（以下「標準化法」）に絞って、これらの法律が施行された場合に、自治体の情報システムや個人情報保護制度が受ける影響の内容を説明しましょう。

【デジタル社会と情報の流通・情報連携】

　基本法は、第１条で「デジタル社会の形成」が「我が国の国際競争力の強化及び国民の利便性の向上に資するとともに、急速な少子高齢化の進展への対応その他の我が国が直面する課題を解決する上で極めて重要である」と定めています。ここでいう「デジタル社会」とはどのような社会なのでしょうか。

　基本法は、第２条で「デジタル社会」を次のように定義しています。

　「インターネットその他の高度情報通信ネットワークを通じて自由かつ安全に多様な情報又は知識を世界的規模で入手し、共有し、又は発信するとともに、…情報通信技術…を用いて電磁的記録…として記録された多様かつ大量の情報を適正かつ効果的に活用すること…により、あらゆる分野における創造的かつ活力ある発展が可能となる社会をいう。」

図表1-2　デジタル改革関連法の概要

法律名	施行日	法の趣旨・主な内容
デジタル社会形成基本法	2021.9.1	【デジタル社会の形成に関する重点計画を作成】 ・基本理念及び施策の策定に係る基本方針、国、地方公共団体及び事業者の責務、デジタル庁の設置並びに重点計画の作成について定める
デジタル庁設置法	2021.9.1	【内閣にデジタル庁を設置】 ・基本方針に関する総合調整、企画立案 ・国の情報システムの整備・管理に関する統括監理・予算の一括計上と当該事業の一部執行 ・国・自治体・準公共部門の情報システムの整備・管理に関する基本的な方針の作成及び推進 ・マイナンバーカード・法人番号の利用に関する情報提供ネットワークシステムの設置及び管理 ・デジタル庁の長・主任の大臣は内閣総理大臣。内閣総理大臣を助け、デジタル庁の事務を統括するためにデジタル大臣が置かれる
デジタル社会の形成を図るための関係法律の整備に関する法律	2021.9.1 ※個人情報保護3法を統合した新個人情報保護法の施行は公布日から1年以内。地方公共団体の機関（議会を除く）に関する条項の施行は公布日から2年以内	【個人情報の保護に関する関係法律の整備】 ・個人情報保護法、行政機関個人情報保護法、独立行政法人等個人情報保護法の統合。地方公共団体の個人情報保護制度についても統合後の法律において全国的な共通ルールを規定し、全体の所管を個人情報保護委員会に一元化 ・マイナンバーを活用した情報連携による行政手続のオンライン化 ・マイナンバーカードの発行・運営体制の抜本的強化
公的給付の支給等の迅速かつ確実な実施のための預貯金口座の登録等に関する法律	公布日から2年以内	【公的給付の支給の迅速かつ確実な実施】 ・預貯金口座の情報をマイナンバーとともにマイナポータルに登録。行政機関等が当該口座情報の提供を求めることができる ・特定公的給付の支給のためマイナンバーを利用して管理できる
預貯金者の意思に基づく個人番号の利用による預貯金口座の管理等に関する法律	公布日から3年以内	【マイナンバーを利用した口座情報の管理】 ・マイナンバーの利用による預貯金口座の管理に関する制度創設 ・災害時又は相続時における預貯金口座に関する情報を提供する制度創設
地方公共団体情報システムの標準化に関する法律	2021.9.1	【国と自治体の情報システム標準化、共通化】 ・自治体に対し、国の基準に適合した情報システムの利用を義務付け ・主要17業務の情報システム標準化

　このような社会の説明は、すでにどこかで聞いたことがあるでしょう。そうです、デジタル社会とは Society 5.0 のことなのです。

　ところで、デジタル社会を支えるのは情報です。自由な情報の流通と障壁のない情報連携があってはじめて、高度情報通信ネットワークや先端的な情報通信技術——人工知能、IoT、クラウド——は、技術にすぎない存在から、提供されたモノやサービスの情報を個々人に自己に最適なものと認識させることを可能とする存在へと進化することができます。そして、そうした情報を付加されたモノやサービスは、旧来のモノやサービスから差別化され、新たな価値をもつものとして市場に登場することになるわけです。

　現代社会において大量の情報、しかも個人情報を保有しているのは国や自治体です。国や自治体が保有している情報をビッグデータとして放出させ、流通させるために、すでに官民データ活用推進基本法（2016 年制定）において「官民データ」という概念でもって官と民相互の間でデータが活用されるべきだといった考え方が採用されています。じつは、行政機関個人情報保護法（2016 年改正。以下「行個法」）において個人を識別できないように加工された、国の行政機関の保有情報（「行政機関非識別加工情報」）を、その提案に基づいて民間事業者に提供する仕組みが実装されています。

　こうしたデータのオープン化の流れを加速するために、基本法は、第 30 条で国や自治体に対して、保有する情報の活用を容易にするために必要な措置を講じるよう義務付け、第 31 条で新たに公的基礎情報データベースの整備とその利用の促進を図ることとしています。さらに、整備法は、第 51 条で自治体（当面、都道府県・政令指定都市に限定）にも、行政機関非識別加工情報、改め「行政機関等匿名加工情報」を民間事業者に提供する仕組みを新たに定めています（新個人情報保護法〔以下「新個情法」〕109 条、附則 7 条）。

　情報連携についても、民間事業者が事業を展開・拡大するためには、巨大データホルダーである国や自治体の情報システムとの連携が必要となります。そして、すでにマイナポータルを通じて国と自治体と民間事業者との間での情報の連携が進行しつつあります。

　マイナポータルは、マイナンバー法の附則に基づいて設けられたものです。マイナンバーと紐付けられた個人情報は、情報提供ネットワークシステムを通じて関係機関の間でやりとりされます。情報提供ネットワークシステムは、システムを通じたやりとりを過去7年間分記録することになっています。この記録を本人がオンラインで確認することができるように、当該個人に開示するための仕組みとして設けられたのがマイナポータルなのです。マイナポータルは、自己情報コントロール権を保障するためのものともいえます。

　ところが、「デジタル・ガバメント実行計画」（2020年12月改訂版）に付されている「マイナンバー制度及び国と地方のデジタル基盤の抜本的な改善に向けて（国・地方デジタル化指針）」（以下「デジタル化指針」）では、マイナポータルは「デジタル政府・デジタル社会において、個人、官、民をつなぐ『情報ハブ』として、極めて重要な役割を果たす」ものとして位置付けられています。

　じつは、マイナポータルにはさまざまな機能がありますが、そのうち「サービス検索・電子申請機能（ぴったりサービス）」では、国だけでなく、自治体の子育てに関するサービスの検索やオンライン申請（子育てワンストップサービス）ができるように設定がされています。デジタル化指針では、「2022年度末を目指して、原則、全地方公共団体で、特に国民の利便性向上に資する手続について、マイナポータルからマイナンバーカードを用いてオンライン手続を可能にする」（同32頁）ことが目標とされています。

　さらに、マイナポータルの「自己情報表示」機能は、利用者が自己の

個人情報のやりとりの履歴の確認のみならず、自己情報を外部に提供することまでができるように拡充され、システム間の連携により Web サービスを提供する事業者が利用できるようになっています。デジタル化指針でも「本人同意を前提に、各種の住民データを民間事業者等に提供するマイナポータルの自己情報取得 API については、2021 年度…に、取得要求に原則 24 時間 365 日対応できるよう、関連システムの機能強化を行う」（同 20 頁）ことが目標とされています。

　こうした国・自治体・民間事業者相互の間でプラットフォームの整備・拡充を図るために、基本法は、第 22 条で情報交換システムの整備、データの標準化、外部連携機能、外部連携機能に関する情報の提供など情報の円滑な流通の確保を図ること、第 29 条で行政の内外の知見を集約・活用しつつ、国・自治体の情報システムの共同化・集約の推進、マイナンバーの利用の範囲の拡大などを積極的に推進することを定めています。

【自治体相互の間での情報システムの標準化、共同化・集約化】

　情報システム相互の間で情報の円滑な連携を図るためには、システム相互の間で語彙・コード・文字等、データ形式、データ仕様などの整合性を確保する必要があります。また、自治体の情報システムについては、これまで自治体が独自に開発してきたため、システムの発注・維持管理や制度改正による改修対応などに際しては、個々の地方自治体の負担が大きくなっています。

　そこで、デジタル化指針では、「自治体の主要な 17 業務を処理するシステム（基幹系システム）の標準仕様を、デジタル庁が策定する基本的な方針の下、関係府省において作成」し、「これを通じ、『（仮称）Gov-Cloud』の活用に向けた検討を踏まえ、各事業者が標準仕様に準拠して開発したシステムを自治体が利用することを目指す」（同 41 頁）

とされています。

　ちなみに 17 業務とは、住民基本台帳、選挙人名簿管理、固定資産税、個人住民税、法人住民税、軽自動車税、国民健康保険、国民年金、障害者福祉、後期高齢者医療、介護保険、児童手当、生活保護、健康管理、就学、児童扶養手当、子ども・子育て支援をさします。

　これを実現するために、標準化法は、自治体の情報システムの機能要件やシステムに関係する様式等の標準化に関する事務のうち、第 6 条で個別の標準化対象事務についてはその事務の法令を所管する大臣が、第 7 条で標準化対象事務に共通する事項（クラウド活用など）について内閣総理大臣（デジタル庁の主任大臣）および総務大臣が、標準化基準を定めるものとし、第 8 条で自治体の情報化システムはこれらの標準化基準に適合しなければならないと定めています。

　また、基本法は、第 29 条で国・自治体の情報システムの共同化または集約の推進の措置を講ずることを定め、標準化法は、第 10 条で「（仮称）Gov-Cloud」を想定したクラウドを活用するよう自治体に努力義務を課しています。

【自治体の個人情報保護の緩和】

　データ連携のために「相互のデータの利活用」や「公共データのオープン化」を進めていくと、問題となるのが、個人情報保護です。

　自治体によっては、保有個人情報の目的外利用・提供制限について具体的に要件を規定したり、オンライン結合の制限を規定したり、これらの制限を解除する場合には、執行機関の付属機関として設置された個人情報保護審議会等への諮問を要するとしたりするなど、行政機関個人情報保護法よりも保護に手厚い内容の個人情報保護条例を定めていることがあります。このような制限は、情報の流通や情報の連携の支障となっています。自治体ごとに個人情報保護の仕組みが異なる、

いわゆる「2000個問題」と呼ばれているものです[4]。

そこで、整備法は、第50条で行個法を新個情法に吸収し、第51条で新個情法の国の行政機関に関する条項を自治体にも適用することを定めています。これにより自治体の個人情報保護は国のそれと同じレベルのものになります。その狙いは、情報システム相互の間のオンライン結合の制限などを定めている条例を自治体に改めさせることにあります。

さらに、整備法は、第51条で、自治体が個人情報の保護に関して条例で定めることができる事項を限定しようとしています[5]。そして、個

図表1—3　地方公共団体の個人情報保護制度の在り方（改正の方向性）

※医療・学術分野については、国の組織同様、民間規律を適用する。

（出所：個人情報保護制度の見直しに関するタスクフォース「同最終報告（概要）」より）

4　国の機関、民間事業者、独立行政法人を対象とした個人情報保護に関する各法律のほかに、全国1800余の都道府県、市区町村、広域連合などが制定した個人情報保護に関する条例など、日本には2000近くの個人情報保護に関する法制度があります。それぞれ個人情報の定義、個人情報保護の仕組みなどが異なることから、個人情報の利活用、個人情報保有者相互の間の連携などを阻害しているとの認識から、「2000個問題」と呼ばれています。

　　もっとも、宇賀克也東京大学名誉教授（現・最高裁判所判事）は、「法律による統一的規制は、個別分野の特別の事情が認められる場合に行えば足りるのであり、個別分野ごとの立法事実の検討を経ることなく、自治体ごとに規律が異なるのは不便という抽象的な論理で個人情報保護条例を廃止することは、地方分権の流れに逆行することになるのみならず、自治体における個人情報保護を後退させ、失うものがあまりにも大きい」と批判的な見解を公にしています。宇賀克也「巻頭言　分権的個人情報保護法制」自治実務セミナー　694号（2020年）1頁を参照。

5　新個人情報保護法（2023年5月までに施行予定の条項）は、①「条例要配慮個人情報」（新個情法60条5項）、②「個人情報取扱事務登録簿」の継続運用（新個情法75条5項）、③不開示情報の範囲（新個情法

人情報保護条例を制定・改正したときは国の個人情報保護委員会（内閣府の外局として設置されている委員会。内閣総理大臣の直接的な指揮監督には服しない）に対し届出をしなければならず（新個情法 167 条）、個人情報の利活用も含む個人情報保護制度の円滑な運用を確保するために必要があるとき、委員会は自治体の機関に対し助言・指導、勧告することができると定めています（新個情法 156 条-159 条）。

5　デジタル社会における自治体

　「デジタル社会の形成」は、自治体のあり方を大きく変えてしまうでしょう。

　まず、標準化対象事務をオンラインで処理しようとする場合には、自治体は、国が定めた標準化基準に則ってベンダーが作成したパッケージ化された情報システムを選ばされ、住民にこれを利用させることになるでしょう。自治体が、住民の意見・要求を踏まえ、住民の福利に資すると考えて設計した独自の業務フローやデータ仕様を標準化対象事務の情報システムに実装させることは例外的にしか認められないでしょう（標準化法 8 条 2 項）。2040 構想が描いていた国と自治体との関係──「各府省の施策（アプリケーション）の機能が最大限発揮できるようにするための自治体行政（OS）の書き換え」（「第 1 次報告」49 頁）──が文字通り実現するわけです。

　また、標準化対象事務のシステムの標準化に応じて申請・届出のオンライン化も進み、マイナポータルを通じての申請・届出が住民の間で一般的になれば、その他の事務についてもオンライン化への圧力が

---

78 条 2 項）、④手数料（新個情法 89 条 2 項〔開示請求について〕、119 条 3 項〔行政機関等匿名加工情報の利用に関する契約締結について〕）、⑤審査請求の審査機関（新個情法 105 条 3 項〔条例で定める審査会（行政不服審査法 81 条 4 項参照）への諮問について〕、107 条 2 項〔審査請求をすべき行政庁について〕）、⑥開示・訂正・利用停止・審査請求の手続に関する事項（新個情法 108 条）、⑦審議会等への諮問（新個情法 129 条）を条例で定めることができるとしています。

高まり、これに対応するに際して情報システムの独自の設計・構築や経費の負担を避けたい自治体は、相互の間で共同して設計したシステムや「（仮称）Gov-Cloud」の利用を志向することになるでしょう。

　さらに、標準化された情報システムによるサービスが広域連携において採用された SaaS（Software as a Service パッケージ化されたソフトウェアを提供するクラウドサービス）として提供されるとなれば、連携関係にある自治体はこれを利用することになり、カスタマイズに別途費用負担が必要となれば、独自の施策を展開することを躊躇することになるでしょう。[6]

　AI による処理を前提とした行政手続のオンライン化、そして、マイナポータルへのオンライン窓口の一元化が自治体における対面窓口の縮小につながる場合には、自治体は、ニーズを抱えた住民とのリアルな接点を欠くこととなり、住民福祉に対する責任ある対応をすることをしなくなるでしょう。

　対面窓口の縮小と併せて、公共私相互の間の連携が 2040 構想の狙い通りに進行すれば、デジタル上のプラットフォームに参画した地域運営組織や事業者への、さらにはシェアリング・エコノミーへの行政サービスの丸投げへとつながる懸念があります。

　法的な仕組みとしてただちに問題となるのは、国と自治体の個人情報保護制度の一元化です。一元化は、一部の自治体において行個法よりも厳しい基準で実施してきた個人情報の利活用の制限を緩和するものといってよいでしょう。[7] 自治体における情報の流通と連携の障害を

6　国保税の免除など町独自の施策を採用しない理由として、周辺市町村と共同でクラウドを導入しているために町独自のシステムの仕様変更はできないことを挙げた富山県上市町の例はよく知られているところです。第 198 回国会衆議院内閣委員会会議録第 15 号（2019 年 4 月 26 日）36 頁〔塩川鉄也委員質問〕を参照。

7　個人情報保護委員会は、自治体が条例で定めることができる事項を個人情報保護法が明文で認めているものに限定し、かつ、条例で規律できる範囲を狭く解する見解を示しています。個人情報保護委員会「公的部門（国の行政機関等・地方公共団体等）における個人情報保護の規律の考え方（令和 3 年個人情報保護法改正関係）」（2021 年 6 月）を参照。

排除するために、拘束力がないとはいえ、個人情報保護委員会が関与することは本末転倒といってよいかもしれません。

　このようにして地方行政のデジタル化が進行するならば、自治体は、事務処理や個人情報保護において独自性＝自治を喪失し、住民に対する行政責任を手放すことになりかねないでしょう。

　加えて、連携中枢都市圏などの広域連携の下での情報システムの共同化・集約化は、圏域内の中心市周辺の自治体の行政を空洞化させることにもつながりかねません。これが昂じれば、合併を促す契機となるでしょう。

おわりに　地方自治デジタル・プラス

　マイナポータルなど国・自治体・民間事業者の情報システム相互の間を連携するプラットフォームは、ワンスオンリー原則（「一度提出した情報は、二度提出することを不要とする」）やコネクテッド・ワンストップ原則（「民間サービスを含め、複数の手続・サービスがどこからでも／一ヵ所で実現する」）を実現するので、たしかにサービスの受け手としての住民にとって便利でしょう。しかし、それは、プラットフォームに示されるメニューの選択でしかありません。それどころか、国または自治体、場合によっては民間事業者からのプッシュ通知に誘導された選択ということもありうるのです。

　自治体のデジタル化は、持続可能な住民の生活保障や自治を、デジタル技術とネットワークを利用してより豊かなものとするという趣旨で、「地方自治デジタル・プラス」であるべきです。

　情報システム間を連携するプラットフォームは、住民が、自治の担い手とし自治体に対し意見や苦情を述べたり、住民の間で提案を組織したり、そのために必要となる情報を提供したりする機能も実装すべきでしょう。そうした観点からすれば、オンライン化は、対面窓口の

削減ではなく、住民の多面的なニーズを反映すべく対面窓口の高機能化につなげるべきでしょう。さらに、住民の意見を反映して自治体が情報システムのカスタマイズを必要とする場合には、国は、それを制限するのではなく、団体自治の保障の観点から逆に支援すべきでしょう。[8]

　また、住民の自己情報コントロール権を確立するために、自治体は、たとえば、自己情報が行政機関等匿名加工情報として提供されているか否かを住民が知ることができるようにし、本人の意思により提供を停止できる仕組みを設けることも考えるべきでしょう。[9]

　そして、デジタル社会における自治の経験を自治体（の住民）相互の間で交流することを可能とするネットワークの構築が、「デジタル社会」における自治のプラットフォームとして求められています。[10]

※本稿は、拙稿「地方行政のデジタル化の論点」榊原秀訓ほか編『地域と自治体第39集　「公共私」・「広域」の連携と自治の課題』（自治体研究社、2021）57〜86頁および拙稿「自治体のデジタル化と地方自治」住民と自治697号（2021）15〜18頁を、本書の趣旨にそって書き改めたものです。既公表分と重複しているところも多々ありますが、ご海容ください。

8　参議院総務委員会が、標準化法案に関する附帯決議（令和3年5月11日決議）のなかで「地方公共団体情報システムの標準化を契機として、上乗せ給付などの地方公共団体独自の施策が廃止・縮小されることのないよう、地方公共団体情報システムの機能等について、当該施策を継続するための改変・追加が行えるようにするとともに、当該改変・追加に要する経費について必要な財政支援を行うこと。」を求めたのは、同じ趣旨にでたものでしょう。

9　新個人情報保護法も個人の権利利益の保護を基本的な目的としているのであって、個人情報の活用はあくまでも保護の上での配慮を求めるものにすぎない以上（新個情法1条）、自治体は、住民の個人情報を保護するために合理的な必要性があれば、活用に配慮した手続を併せて定めることで、新個人情報保護法の自治的解釈に基づいて個人情報保護条例を制定することが許されると解すべきでしょう。注7で紹介した個人情報保護委員会の見解は、自治事務に関する自治体の自主的処理への特別な配慮を国に求める地方自治法2条13項に反するものといえるでしょう。

10　スペインのバルセロナ市では、市がウェブサイト上に市民参加のためのプラットフォームを作り、そこを通じて4年間で4万人以上が意見提案・議論に参加し、1万件以上の提案が出され、そのうち約1500件の提案が市議会で採択されているといいます。同市はまた、2018年11月にアムステルダム、ニューヨークとともに「デジタル権利のための都市連合」を設立しています。内田聖子「人々による人々のためのデジタル社会へ」世界943号（2021）143頁以下を参照。

II 「自治体 DX 推進計画」と自治体デジタル政策の課題

久保貴裕

はじめに

　デジタルの技術は、人類が生み出した最新の技術です。地方自治体においてもデジタル技術を有効に活用して、住民の福祉の増進（地方自治法 1 条の 2）を図ることが必要です。

　しかし一方で、デジタルの技術は未完成であり、セキュリティも万全ではありません。誤った使い方をすれば、住民に重大な被害や権利侵害をもたらします。デジタル技術は、誰が、何の目的で、どのように使うのかが問われています。政府が推進する「デジタル化」戦略は、国と地方自治体のあり方や公務の役割を根底から変えようとするものです。総務省は自治体の「デジタル化」を推進するために「自治体 DX 推進計画」を打ち出しましたが、この計画の内容について地方自治体は、憲法と地方自治、自治体職員の役割などの原則に照らして検討し、対応することが求められます。

　本稿では、総務省の「自治体 DX 推進計画」の問題点を検討するとともに、今後、地方自治体においてデジタル技術の導入に関わる政策を取り扱うに当たって、重要と考えられる課題について述べることとします。

1　「住民福祉の増進を図る」自治体の役割が発揮できるのか
デジタル企業への奉仕と、自治体施策の統合が目的

　2021 年 9 月にデジタル庁が発足しました。デジタル庁は初の内閣直属の常設組織として、強大な権限を持つ内閣総理大臣をトップに、民間デジタル企業の幹部を要職に登用し、社会全体のデジタル化を推進

する「司令塔」として君臨しています。

　総務省は、政府のデジタル化方針に基づき「自治体DX（デジタル・トランスフォーメーション）推進計画」（以下「DX推進計画」）を策定し、2021年1月から2026年3月までの5ヵ年計画で実施するとしています（図表2-1）。2021年7月には「DX推進計画」を実行するために「自治体DX推進手順書」（以下「手順書」）を示し、自治体での実施を求めています。

　「DX推進計画」は、デジタル庁が推進する国のデジタル化政策を地方自治体において実施させようとするものですが、同計画の意義、目的では、地方自治の原則や自治体の役割とは相いれないことをかかげています。「自治体におけるDX推進の意義」では、「多様な主体との連携により民間のデジタル・ビジネスなど新たな価値創造等が創出されることにより、我が国の持続的かつ健全な発展、国際競争力の強化にも繋がっていくことが期待される」と、デジタル企業の利益に奉仕する旨をうたっています。また「本計画の趣旨」では、「情報システムの標準化・共通化といった自治体における施策を効果的に実行していくためには、国が主導的に役割を果たしつつ、自治体全体として、足並みをそろえて取り組んでいく必要がある」として、国の意図する政策を自治体に押し付け、自治体が実施する施策を統合させようとする姿勢を示しています。「DX推進計画」は「地方自治の本旨」（憲法92条）も、「住民の福祉の増進を図る」（地方自治法1条の2）という立場も欠如しています。

デジタル技術の取り扱いは、自治体が決めること

　「手順書」は、各自治体で「DXの認識共有」（ステップ0）、「全体方

1　「自治体DX推進計画」および「手順書」は、総務省ホームページ（電子自治体の推進 https://www.soumu.go.jp/denshijiti/index.html）に掲載されています。

図表 2-1　自治体 DX 推進計画概要

1. 自治体における DX 推進の意義

- ○ 新型コロナウイルス対応において、様々な課題が明らかとなったことから、デジタル化の遅れに対して迅速に対処するとともに、「新たな日常」の原動力として、制度や組織の在り方等をデジタル化に合わせて変革していく、言わば社会全体のデジタル・トランスフォーメーション（DX）が求められている。
- ○ 政府が示す目指すべきデジタル社会のビジョン「デジタルの活用により、一人ひとりのニーズに合ったサービスを選ぶことができ、多様な幸せが実現できる社会─誰一人取り残さない、人に優しいデジタル化─」の実現のためには、住民に身近な行政を担う自治体、とりわけ市区町村の役割は極めて重要。
- ○ 自治体においては、まずは、
  - ・自らが担う行政サービスについて、デジタル技術やデータを活用して、住民の利便性を向上させるとともに、
  - ・デジタル技術や AI 等の活用により業務効率化を図り、人的資源を行政サービスの更なる向上に繋げていくことが求められる。
- ○ さらには、データが価値創造の源泉であることについて認識を共有し、データの様式の統一化等を図りつつ、多様な主体によるデータの円滑な流通を促進することによって、EBPM 等により自らの行政の効率化・高度化を図るとともに、多様な主体との連携により民間のデジタル・ビジネスなど新たな価値等が創出されることが期待される。

2. 自治体 DX 推進計画策定の目的

- ○ 「デジタル・ガバメント実行計画」における自治体の情報システムの標準化・共通化などデジタル社会構築に向けた各施策を効果的に実行していくためには、国が主導的に役割を果たしつつ、自治体全体として、足並みを揃えて取り組んでいく必要がある。
- ○ このため、総務省は、「デジタル・ガバメント実行計画」における自治体関連の各施策について、自治体が重点的に取り組むべき事項・内容を具体化するとともに、総務省及び関係省庁による支援策等をとりまとめ、「自治体 DX 推進計画」※として策定。
  ※計画期間（2021.1～2026.3）

3. 推進体制の構築

- ・組織体制の整備
  - （全庁的・横断的な推進体制）
- ・デジタル人材の確保・育成
- ・計画的な取組み
- ・都道府県による市区町村支援

4. 重点取組事項

- ・自治体情報システムの標準化・共通化
- ・マイナンバーカードの普及促進
- ・行政手続のオンライン化
- ・AI・RPA の利用促進
- ・テレワークの推進
- ・セキュリティ対策の徹底

5. その他の取組事項

〈自治体 DX の取組とあわせて取組べき事項〉
- ・地域社会のデジタル化
- ・デジタルデバイド対策

〈その他（※デジタル・ガバメント実行計画記載の事項）〉
- ・BPR の取組の徹底（書面・押印・対面の見直し）
- ・オープンデータの促進
- ・官民データ活用推進計画策定の推進

（出所：総務省「自治体 DX 全体手順書」より）

図表 2-2　DX 推進計画重点取組事項

取組事項	取組方針概要
①自治体情報システムの標準化・共通化	目標時期を 2025 年度とし、ガバメントクラウドの活用に向けた検討を踏まえ、基幹系 17 業務システムについて国の策定する標準仕様に準拠したシステムへ移行
②マイナンバーカードの普及促進	2022 年度末までにほとんどの住民がマイナンバーカードを保有していることを目指し、交付円滑化計画に基づき、申請を促進するとともに交付体制を充実
③自治体の行政手続のオンライン化	2022 年度末を目指して、主に住民がマイナンバーカードを用いて申請を行うことが想定される手続（31 手続）について、原則マイナポータルからマイナンバーカードを用いてオンライン手続を可能とする
④自治体の AI・RPA の利用推進	①、③による業務見直し等を契機に、AI・RPA 導入ガイドブックを参考に、AI や RPA の導入・活用を推進
⑤テレワークの推進	テレワーク導入事例やセキュリティポリシーガイドライン等を参考に、テレワークの導入・活用を推進。①、③による業務見直し等に合わせ、対象業務を拡大
⑥セキュリティ対策の徹底	改定セキュリティポリシーガイドラインを踏まえ、適切にセキュリティポリシーの見直しを行い、セキュリティ対策を徹底

（出所：総務省「自治体 DX 全体手順書」より）

針の決定」（ステップ 1）、「推進体制の整備」（ステップ 2）を求め、「DX の取り組みの実行」（ステップ 3）として、①自治体システムの標準化・共通化、②マイナンバーカードの普及促進、③行政手続のオンライン化、④AI・RPA の利用推進、⑤テレワークの推進、⑥セキュリティ対策の徹底の 6 項目を「重点事項」として推進するとしています（**図表 2-2**）。

「DX 推進計画」と「手順書」は、地方自治法 245 条の 4 第 1 項に基づく「技術的な助言」であり、自治体に実施を義務付けるものではありません。しかし総務省は、財政誘導や有形無形の圧力をかけて自治体に「DX 推進計画」を実施させようとしています。そもそもデジタル技術を自治体の施策においてどう取り扱うのかは自治事務に属する

事項であり、自治体がそれぞれの地域の実情を踏まえ、主権者である住民の意思に基づいて自主的に決めることです。

　以下、本稿では、「DX 推進計画」のもつ問題点と、自治体がデジタル政策を進めるに当たって重要であると考えられる課題について、①デジタル政策の推進体制、②自治体情報システムの標準化・共通化、③行政手続のオンライン化、④AI の活用の４つを論点にすえて述べます。

2　デジタル政策の推進体制について

　―公務の公正性が確保され、職員、住民の意見が反映されるのか

DX の司令塔―「自治体版デジタル庁」の設置

　総務省は「DX 推進計画」を自治体に実施させるために、「組織と人材の両面から DX 推進体制の整備を行う」としています。「手順書」では「DX を推進するに当たっては、首長や幹部職員によるリーダーシップや強いコミットメントが重要」とのべ、「全庁的・横断的な推進体制を構築することが求められる。具体的には、DX の司令塔としての役割を果たす DX 推進担当部門を設置した上で、各業務担当部門をはじめ各部門と緊密に連携する体制を構築する」としています。従来の自治体の機構とは異なり、国がかかげる DX を自治体において推進させるための司令塔として、自治体のすべての施策を統括する部門を設置させようとするものです。それは、国の「デジタル」戦略を自治体に貫徹させるために、デジタル庁の事実上の出先機関となる「自治体版デジタル庁」の設置を求めるものだと言えます。

首長、CIO、CIO 補佐官等によるトップダウン体制

　「DX 推進計画」「手順書」では、首長をトップに民間人材を要職に付けて、トップダウンで DX を推進する体制を構築することを求めています（図表2-3）。「DX の推進に当たっては、仕事の仕方、組織、人

図表2-3　DX 推進体制について

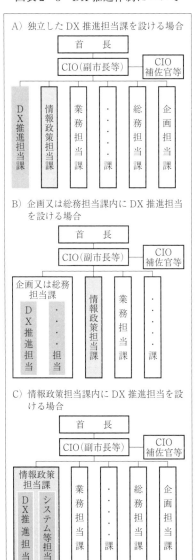

A) 独立した DX 推進担当課を設ける場合

B) 企画又は総務担当課内に DX 推進担当を設ける場合

C) 情報政策担当課内に DX 推進担当を設ける場合

（出所：総務省「自治体 DX 全体手順書」より）

事の仕組み、組織文化・風土そのものの変革も必要となるなか、首長自らがこれらの変革に強いコミットメントをもって取り組む」として首長が強力な主導権を発揮するとしています。首長の下に新たに設けるポストが CIO（最高情報責任者＝Chief Information Officer）と、CIO 補佐官です。

　「手順書」では「首長の理解とリーダーシップの下、最高情報責任者（CIO: Chief Information Officer）を中心とする全庁的な DX 推進体制を整備する。CIO は、いわば庁内マネジメントの中核であり、庁内全般を把握するとともに、部局間の調整に力を発揮することができるよう、副市長等であることが望ましい」としています。CIO のほかに、CDO（最高デジタル責任者＝Chief Digital Officer）という名称のポストもあるとしていますが、どちらも自治体の施策を統括して DX を推進する強力な権限を持ちます。

　さらに、「CIO を補佐する体制を強化するため、CIO 補佐官等の

任用などの取り組みを進める。また CIO マネジメントを専門的見地から補佐する CIO 補佐官等については、外部人材の活用を積極的に検討する」としています。首長、CIO、CIO 補佐官によるトップダウンの体制のもとに、自治体の「情報政策担当部門」「行政改革・法令・人事・財政担当部門」「業務担当部門（特に窓口担当部門）」においても、DX を推進する体制と人員の配置を求めています。

利害関係のある企業から人材を要職に登用

「手順書」では「CIO 補佐官等として外部人材を活用する際には、地方公務員として任用する場合と、私法上の業務委託を行う場合が主に想定される」としています。自治体が CIO 補佐官等に外部人材を活用する場合、特別交付税として 2 分の 1 を措置するなど、財政誘導を図りながら自治体に民間人材の登用を求めています。民間人材の対象にあげられているのが、自治体と利害関係のあるデジタル関係の企業です。

「手順書」では、CIO 補佐官等を外部から地方公務員として任用する場合は、①特定任期付職員（地方任期付職員法第 3 条第 1 項で規定する職員）と、②特別職の非常勤職員（地方公務員法第 3 条第 3 項第 3 号で規定する職員）がなじむとしています。実際には、民間企業から兼務で登用する場合が多く、フルタイムを前提とした特定任期付職員よりも、非常勤で登用できる特別職非常勤での任用が多く使われるものと考えられます。非常勤であれば CIO 補佐官等は兼業で企業からも給与や報酬を得ることができ、複数の自治体の CIO 補佐官等を兼務することもできます。

「全体の奉仕者」「守秘義務」など服務規定は適用なし

CIO 補佐官等に民間人材を特別職非常勤や私法上の業務委託で配置

する場合、地方公務員法（以下「地公法」）が適用されないことから、公務の公正性が確保されるのかが大きな問題になります。

地公法は30条の「服務の根本基準」において「すべて職員は、全体の奉仕者として公共の利益のために勤務し、且つ、職務の遂行に当っては、全力を挙げてこれに専念しなければならない」と規定しています。その上で、職務上の義務（「服務の宣誓」31条、「法令等及び上司の職務上の命令に従う義務」32条、「職務に専念する義務」35条）と身分上の義務（「信用失墜行為の禁止」33条、「秘密を守る義務」34条）、「営利企業等の従事制限」38条）などを課し、違反すれば刑事罰も課せられます。特別職非常勤の職務は2017年の地公法改正により、顧問、参与、嘱託員など「専門的な知識経験又は識見を有する者が就く職であって、当該知識経験又は識見に基づき、助言、調査、診断その他総務省令で定める事務を行うものに限る」とされています。

総務省は「CIO補佐官等の事務は、特別職非常勤の助言の事務に該当する。特別職非常勤で就く場合には、自治体の意思決定には関与しない」としています。しかしCIO補佐官等は強力な権限を持つ首長やCIOと結びつくことにより、事実上、自治体の業務全般に強大な影響力を持つことになるおそれがあります。

また、私法上の業務委託でCIO補佐官等につく民間人材は、自治体とは雇用関係になく、公務の公正性が確保される保証はありません。

「DX推進計画」では、自治体の各部門にも、民間からの人材を会計年度任用職員など一般職での任用を推進するとしています。外部人材は出身企業との兼務もでき、パートタイムで情報システムに関する仕事を自宅や自らが所属する企業の敷地内においてテレワークで行うこともできます。地公法の服務規定がどこまで実効性を持つのかも疑われ、自治体が保有する情報が漏洩するリスクも増大します。

そのほかにも、①過疎地域等を有する市区町村へ都道府県が任用ま

たは委託した人材が支援する都道府県過疎地域等政策支援員（特別交付税措置あり）、②三大都市圏に所在する企業等の社員を在籍のまま三大都市圏以外の市町村に派遣する企業人材派遣制度（特別交付税措置あり）、③民間企業の人材を指定都市を除く市町村に幹部職員（常勤一般・特別職）で登用したり、特別職非常勤や委嘱でアドバイザーを行うデジタル専門人材支援制度（内閣官房まち・人・しごと創生本部事務局が取り扱う）など、自治体が民間人材を様々な形で活用できる制度が設けられています。

　自治体がデジタル技術について外部の専門家から支援やアドバイスを受けることが必要な場合もありえますが、服務や入札・調達などにおいて公務の公正性が確保されるのか、また、自治体が保有する情報が適切に管理されるのかが重要な課題となります。

総務省の検討会でも、懸念する意見が出されていた

　総務省の「DX 推進計画」を策定する会議においても、デジタル企業等の社員を CIO や CIO 補佐官に登用した場合、調達や情報管理などに懸念が生じることが報告されていました。

　2020 年 11 月 30 日に開催された総務省「DX 推進に係る第 2 回検討会」の事務局提出資料に、ベンダー等から聞き取った意見を掲載しています。ベンダー等からは「地方自治体のシステム調達が伴う情報計画策定等の対応の場合、特定の IT ベンダーの社員が CIO/CIO 補佐官として任命されることにより、特定ベンダーのシステムが優位に調達されるリスクが懸念される」との意見が述べられています。この意見に対して事務局は「入札において、所属している事業者等の参加を制限することが考えられる。（現役のベンダー社員の採用は困難か）」「OB

2　総務省ホームページ（https://www.soumu.go.jp/menu_news/s-news/02gyosei07_04000137.html）「地方自治体のデジタルトランスフォーメーション推進に係る検討会（第 2 回）2020 年 11 月 30 日　資料 3「デジタル人材確保支援について」より。

のベンダー社員の活用に限られるか」との見解を示しています。さらにベンダーからの「ITベンダーの社員がCIOやCIO補佐官として職務を遂行する際、同業他社の公然と知られていない価格情報、技術情報に触れる機会も想定される」とする意見に対し、事務局は「多くの場合、『特別職非常勤』として任用されることが想定されるが、地方公務員法上の信用失墜行為や守秘義務は適用されないため、任用に当たり、情報漏洩防止義務を課す等のガイドラインが必要でないか」との見解を示しています。

任用の規律、入札の取り扱いは、すべて自治体まかせ

国のデジタル庁では、特別職として任用する「デジタル監」にも国家公務法に基づく服務規程を一部準用（デジタル庁設置法11条4項）するとともに、政府のCIO補佐官が出身企業と兼業で職務に就く場合は一定の条件で入札を制限する旨を募集要項に明記しています。このような国の措置が十分であるとは言えませんが、地方自治体においても地公法の服務規定を適用し、入札の制限を行うなどの措置が必要です。しかし総務省は、公務の公正性をゆがめる懸念があることを承知しながら、国としてこれを防ぐための手立てを講じることなく「DX推進計画」をスタートさせました。

「手順書」では、特別職非常勤でCIO補佐官等に任用する場合は「公務の公正性に疑念を抱かれることのないように、要綱等で服務の任用規律を定めておくことが必要である」とか、業務委託を行う場合は「守秘義務や公正性の確保に係る措置等について、契約書等で担保することが必要となる」と述べるにとどめ、対応をすべて自治体まかせにしています。

CIO補佐官等は、請負など自治体と利害関係のある企業からも登用することができます。「手順書」では、入札の取り扱いについて、「CIO

補佐官等が営利企業と兼務している場合や営利企業に長く所属していた場合に、その業務に『新たなシステム調達への助言』などが含まれる場合には（中略）、CIO 補佐官等の所属する又は所属していた企業の入札を制限する措置等を講ずることも必要である」と述べるにとどめ、こちらも対応を自治体まかせにしています。

自治体とデジタル企業で利益相反

民間からの人材登用で公務の公正性が損なわれる事例は、総務省の足元でも発生しています。総務省所管でマイナンバー事業の中核を担う地方公共団体情報システム機構（J—LIS）に社員を出向させている企業が、同機構のマイナンバー関連事業の少なくとも 72%（件数ベース）を受注していたことが明らかになりました。出向社員の配属先からの受注が大半で、契約額は全体の 83% に当たる 1,140 億円に上ることも判明しています。出向者は仕様書の作成にも関与していました。

国のデジタル政策を推進する中枢の機関でも問題が発生しています。内閣官房 IT 総合戦略室が東京五輪・パラリンピック向けのアプリを民間に発注した経緯をめぐり、第三者の弁護士らは 2021 年 8 月 20 日、「民間出身職員らに不適切な対応があった」とする報告書を公表しました。報告書では職員らが予定価格の基礎となる「参考見積もり」を企業に依頼する際、金額の規模感をあらかじめ伝えたり、別の企業の見積もりを伝えたりしていたと指摘しました。守秘義務を負わない民間企業を仕様書の作成に関与させていたことも確認されました。[3] 内閣官房は IT 総合戦略室の室長代理ら 3 人を訓告処分とし、室長ら 3 人を厳重注意としました。

行政のゆがみは、情報システムの調達にとどまらず、システムを導

3　地方公共団体情報システム機構（J—LIS）をめぐる報道は「東京新聞」2021 年 5 月 4 日、内閣官房 IT 総合戦略室をめぐる報道は「読売新聞」2021 年 8 月 28 日を参照。

入した後も懸念されます。システムに障害が発生したり、住民の個人情報が漏洩するなど重大な問題が発生した場合、自治体は当該のシステムの利用を即時停止するとともに、原因を究明して再発防止の対策をとるなど、迅速かつ厳格な措置をとることが求められます。契約している企業に問題があれば、契約を解除したり、入札への参加を停止するなどの措置も必要です。しかし、問題への対応に権限を持つCIO補佐官等や担当者がデジタル企業から登用された人物であった場合、住民の安全と利益を守ることを最優先にした措置を取ることができるでしょうか。自治体とデジタル企業との間では利益相反が生じます。民間企業から登用された者が、自分の出身企業やデジタル業界に不利益となる判断を下す保証はありません。

総務省の想定を超えて、CIO、CDOに民間人材を登用する自治体も

総務省はCIOやCDOの職について「副市長等であることが望ましいと考えており、外部人材を活用することは想定していない[4]」としていますが、総務省の想定を超えて、CIOやCDOのポストに、民間からの人材を登用する自治体があらわれています。

神奈川県は、県のDXを推進するために、2020年11月より「神奈川県版デジタル庁」として「デジタル戦略本部室」を設け、CIO兼CDOに㈱LINEの現役の執行役員を会計年度任用職員（パートタイム）で任用しています[5]。神奈川県のCIOとCDOは県の各業務所管課のデジ

4　自治労連が8月4日に総務省から行ったヒアリングより。
5　神奈川県2020年10月27日記者発表資料「人事異動の概要（令和2年11月1日）」。神奈川県は㈱LINEの現役執行役員を2020年8月1日の時点から県のCIO兼CDOに任命しています。2020年8月1日の記者会見で黒岩知事は「県では、これまでも、（中略）、LINEを活用した新たな取組みを、次々に導入してきました。また、今回のコロナ対策でも、80万人を超える登録者を獲得した『新型コロナ対策パーソナルサポート』のほか、お店や施設などに掲示する『感染防止対策取組書』と『LINEコロナお知らせシステム』など、LINEと最新のICTを組み合わせた対策を、圧倒的なスピードで導入してきました。今後、ウィズコロナ時代を迎える中、こうした『くらしと行政のデジタル化』を一層スピードアップする必要があります。そこで、これまでの取組みで、いつもその中心でご協力してくださった方を、CIO兼CDOに任命することにしました」と述べ、県と㈱LINEとの蜜月ぶりをアピールしています。

タル業務を統括する責任者に位置付けられ、県の「デジタル戦略本部室」のメンバーとして意思決定に関与していることから、県のデジタル行政の重責を担う管理職に該当します（**図表2-4**）。

　総務省は「会計年度任用職員制度の導入に向けた事務処理マニュアル」において、係長以上の職に会計年度任用職員で任用することについては「慎重に検討いただくことが望ましい。特に管理職については、任期の定めのない常勤職員を任用すべき『常時勤務を要する職』に該当するものと考えられ、原則として会計年度任用職員の任用は想定されないものである」としています。

　しかし神奈川県は、民間企業の人材を非常勤で CIO のポストにつけるための手法として会計年度任用職員制度を使っています。「管理職は任期の定めのない常勤職員を任用すべき常時勤務を要する職に該当する」としてきた公務員制度の原則が、民間人材の活用を契機に掘り崩されていることを注視しなければなりません。

　また、福山市（広島県）は、2021年5月より、市が「デジタル化推進の司令塔」と位置付ける CDO に㈱富士通の現役社員を業務委託契約（委嘱）で、CDO 統括補佐官に㈱ TIS の社員を業務委託契約（準委任）で就任させています。CDO 補佐官には㈱ LINE と㈱ GMO インターネットグループの社員を労働者派遣契約で就任させています。市長が記者会見で示した市の機構図では、CDO、CDO 統括補佐官、CDO 補佐官が市の各部局の職員に業務上の指示を行うとしています（**図表2-5**）。福山市と㈱ GMO インターネットの協定書では、CDO 補佐官に常勤で就任する同社所属社員の職務に「各プロジェクト行動の具体を指示」することが記載されています。

6　総務省「会計年度任用職員制度の導入に向けた事務処理マニュアル（第2版）」2018年10月　問 13-2 の回答。

7　福山市の枝広市長は 2021 年 4 月 26 日の定例市長記者会見において「CDO については、デジタル化推進の司令塔として、民間から専門人材を招聘するということを申し上げてきました」と述べています。

図表 2−4 神奈川県の ICT・データ利活用推進計画の推進体制

CIO（情報統括責任者）

全庁的な視点で、県民の利便性の向上と業務の効率化に資する ICT の利活用や、ICT 環境の最適化を統括

ICT の利活用

・ICT を活用した県民サービス
・ICT による業務効率化

業務所管課
・県民サービスの実施
・内部業務での ICT の活用

ICT 環境の最適化

・システム見直しによる全体最適の実現
・個別システムの最適化

システム所管課
・システム開発及び運用
・システム見直し

ICT 部門
・情報基盤の整備及び提供
・ICT 利活用の支援
・プロジェクトマネジメント支援

CDO（データの利活用責任者）

EBPM や、複合的な課題の解決に向けた分野横断的な政策立案を実現する多様なデータの利活用を統括

データの利活用

データ利活用部門
・データ解析
・政策立案、推進、評価
・EBPM の実施

データ連携部門
・データ利活用基盤整備及び運用
・データ解析ツール提供
・ニーズに基づくデータ収集

データ所有部門
・データ作成・登録
・データ収集

データ利活用支援部門
・専門人材（データアナリスト）の採用、育成、研修　・利活用助言　・EBPM の推進

外部データ
・市町村
・ビッグデータ
・AI, IoT etc...

収集

デジタル戦略本部（本部長・知事）

多様な県民ニーズに対応する行政サービス

民間サービス

提供　支援

（出所：内閣官房 EBPM 推進委員会データ利活用ワーキンググループ第 3 回会合（2021 年 2 月 26 日）神奈川県の報告資料より）

図表 2-5　福山市デジタル化推進体制

【指示系統】

オブザーバー
（戦略推進マネージャー）

CDO　大手 IT 企業　A 氏（非常勤）

CDO 統括補佐官　TIS 株式会社 B 氏（非常勤）

LINE 株式会社 C 氏（非常勤）　CDO 補佐官　　CDO 補佐官　GMO インターネットグループ D 氏（常勤）

指示　　　指示　協議

【実施管理】

（主に産業・地域の分野を担当）　　　（主に行政の分野を担当）

企画財政局長　　　　総務局長

デジタル化推進室　　　ICT 推進課

指示　　　協議

【実施体制】

各局長　　　《デジタル化事業の実施》　産業

各部長　　　　地域　行政

各課長

（出所：2021 年 4 月 26 日　4 月定例市長記者会見配布資料より。CDO 等の氏名は筆者により変更しています。CDO の大手 IT 企業名は、後日、㈱富士通であることが公表されました。）

　そもそも業務委託契約や労働者派遣契約で自治体とは直接の雇用関係になく、公務員として任用されていない者が、職員に業務上の指示を行うことはできません。福山市はその後、議会などから「違法ではないか」との指摘を受け、「適切でないと判断した」として、CDO や CDO 統括補佐官、CDO 補佐官に就いた外部人材が「指示」を行うとする文言は撤回し、「助言、支援」に変更するように検討するとしています。しかし、CDO を市のデジタル行政の「司令塔」と位置付けていることについては変更をしていません。福山市の CDO や CDO 補佐官等が、職員に事実上の指示を行うなど違法な行為をしていないかについてチェックが必要です。

「任期の定めのない常勤職員の原則」に反する

総務省が「DX 推進計画」で推進するとしている民間からの人材登用は、当人が「全体の奉仕者」として定年まで地方公務員として働くことを全く想定していません。民間企業と自治体を行き来するリボルビングドア（回転ドア）のように、軸足は民間企業に置いたまま自治体の業務に就くという勤務形態になっています。特別職非常勤や会計年度任用職員（パートタイム）、業務委託や労働者派遣などによる民間からの人材登用は、公務員に課せられている公的な規制を回避するための手法であると言わなければなりません。

民間企業の側も、限られた人材を割いて、わざわざ有能な社員を自治体に送り出すからには、何らかの見返りを求めてくることが考えられます。送り出された社員は企業からの「特命」を帯びており、住民の利益よりも、自らが所属する企業や業界の利益を考慮して働くことになりかねません。自社に有利になる内容で自治体のデジタル政策を策定、実施することもあり得ます。

そもそも憲法に基づく公務員の勤務形態の大原則は、「任期の定めのない常勤職員」という点にあります。[8] 行政が特定の企業の利益のためではなく、公正・中立の立場に立って行われるためには、公務員がその身分を保障されながら「全体の奉仕者」（憲法 15 条）として職務に専念する勤務条件にすることが必要不可欠です。デジタル政策に関わる業務につく職員も例外ではなく、外部からの圧力や利益誘導で公務が歪められることがないような勤務体制を確立しなければなりません。地方公務員法が定める服務規定の遵守が担保できる任用を行わなければ、公務の公正性が確保されないどころか、自治体がデジタル企業によって支配されるようになるおそれがあります。

---

8 晴山一穂「デジタル庁設置は行政の中立・公正をゆがめる―行政組織の在り方と公務員制度からの検証」KOKKO 堀之内出版、2021 年 8 月号 88 頁以下。

国の自治体支配につながるデジタル庁職員の兼務

　外部からの人材は民間からの登用にとどまりません。総務省は、地方自治体の CIO や CIO 補佐官などに、国のデジタル庁職員を兼務で配置できるとしています。兼務で配置された CIO や CIO 補佐官等の職員は、国と当該の自治体との間で意見の相違があった場合、どちらの立場に立って行動するのかが問われます。今後、国と地方自治体との間でデジタル化に伴う個々の政策をめぐって意見が異なったり、国と当該の自治体の間で協議や調整が必要になる場合も考えられます。国と自治体の間で協議や調整を行う場合、自治体の CIO や CIO 補佐官等が重要な役割を担います。しかし、CIO や CIO 補佐官等が国のデジタル庁職員を兼務している場合、当該の自治体の意思ではなく、国のデジタル庁の意見を押し通す立場で調整に動くことにもなりかねません。国による人事を通じた自治体への支配になるおそれがあります。ましてや、国から自治体に派遣されるデジタル庁の職員が民間企業から登用された者であった場合、国とデジタル企業の利益により、自治体の施策が二重にゆがめられてしまうおそれがあります。

公務の公正性を確保し、現場の実態や意見を反映する体制に

　自治体においてデジタル政策を取り扱う体制を設けるにあたっては、公務の公正性を確保し、地方自治を守るために、少なくとも以下の措置を取ることが必要です。

　第一に、首長と CIO、CIO 補佐官等など一部の幹部職員に権限を集中させるトップダウンの体制ではなく、それぞれの業務を担当する現場の職員や、主権者である住民の意見が適切に反映される体制を整えることです。デジタルを取り扱う業務の中枢を担う幹部には、「全体の奉仕者」として職務を遂行することが義務付けられている「任期の定めのない常勤職員」を配置するべきです。デジタルに関わる政策を決

める際も、CIO 補佐官など一部のブレーンに依存するのではなく、職員や住民の意見が反映される民主的な運営に基づいて意思決定がされるようにするべきです。デジタル技術について外部から専門的な知見やアドバイスを得ることが必要な場合、一時的に民間企業など外部から人材を登用することもあり得ますが、その場合でも自治体への技術的な助言や支援に留めるべきです。民間から一時的に登用した人材は、自治体の意思決定には関与させず、職員に対しても業務上の指示を行わせないことが必要です。また国のデジタル庁職員等を自治体の CIOや CIO 補佐官等に兼務で就けることは、国による地方自治への介入を招くおそれがあることから行うべきではありません。

　自治体の労使においても、デジタル政策の取り扱いを管理運営事項とするのではなく、職員の勤務条件にも関わる重要事項と位置づけ、労使協議、労使交渉の対象にすることが必要です。自治体労働組合には、行政組織を内部からチェックする役割が求められます。

　第二に、デジタル技術に精通する新たな人材が必要であれば、原則として「任期の定めのない常勤職員」として採用し、「全体の奉仕者」として定年まで公務に専念できる勤務条件を確保することです。人材はデジタル企業からの一時的な「借り物」で済ませるのでなく、専門職の地方公務員として採用し、中長期的な視点に立って育成することが必要です。小規模な町村など独自で人材を確保することが困難な自治体に対しては、国が財政措置を行い、都道府県が一定人数を増員して採用し、市町村に中長期の派遣を行うことができるようにすることも必要です。防災・減災に対応する技術職員を「任期の定めのない常勤職員」として都道府県が増員して採用し、市町村に派遣をしている事例（2020 年度地方財政対策）を参考に、デジタル技術の専門職員を市町村に派遣する制度を検討するべきです。民間企業など外部からデジタル技術に精通した人材を、期限付きで自治体職員として採用する場

合であっても、公務の公正性や情報の適切な管理が確保できない限り兼業やテレワークは禁止し、兼業する場合は、出身企業の入札への参加を制限するべきです。

3　自治体情報システムの標準化・共通化について

―自治体独自の住民サービスは確保されるのか

国が定める「標準仕様」に従うことが義務づけられる

　「地方公共団体情報システムの標準化に関する法律（以下「標準化法」）は8条で、「地方公共団体情報システムは、標準化基準に適合するものでなければならない」と定めています。国は「事務処理の内容が各地方公共団体において共通しており、かつ統一的な基準に適合する情報システムを利用して処理することが住民の利便性の向上及び地方公共団体の行政運営の効率化に寄与する」と認める事務を、標準化の対象事務として政令で指定するとしています。国が指定した対象事務について、それぞれの事務を所管する大臣が省令で標準化基準（標準仕様）を定めます。自治体の情報システムは省令に定める標準化基準に適合しなければならず、独自の仕様変更（カスタマイズ）を行うことは原則として禁止されます。また国は、情報システムについて、複数の自治体が共同でシステムを利用する「自治体クラウド」を推進するとしています。

　国が標準化の対象に指定するのは下記に示す17の業務ですが、今後、国が必要と認めればいくらでも追加することができます。

【住民登録】	住民基本台帳、選挙人名簿管理
【地　方　税】	固定資産税、個人住民税、法人住民税、軽自動車税
【社会保障】	国民健康保険、国民年金、障害者福祉、後期高齢者医療、介護保険、児童手当、生活保護、健康管理、就学、児童扶養手当、子ども・子育て支援

国はカスタマイズ抑制へ財政誘導

　全国の自治体は、地方自治の本旨に基づき、子どもの医療費を助成したり、生活困窮者や災害被災者を救済するために住民税や国民健康保険料、介護保険料を減免するなど、住民の要求や地域の特性に応じて独自の住民サービスを実施しています。独自のサービスが国の定める標準化基準に従うだけでは実施できない場合、カスタマイズを行うことが必要となります。

　カスタマイズを原則禁止する国は、どのような場合に例外的にカスタマイズを認めるのかが焦点となります。標準化法案を審議した国会で、政府の担当者は「工夫をしてもなお地方自治体の独自のサービスを提供できない場合には、標準準拠システムについて必要最小限度のカスタマイズはやむを得ない」（平井デジタル担当大臣）、「標準化対象[9]事務に係る情報システムの標準化が自治体の独自施策を制限するものとは考えておりません」（武田総務大臣）、「標準化法案が、住民サービ[10]スの維持向上を図ろうとする個別の団体における政策決定の支障になるものではないと考えます」（高原参考人）と答弁しています。自治体[11]が独自のサービスを行うために、必要な場合はカスタマイズが行えることを認めた重要な答弁です。しかし政府は、具体的な標準化基準の設定は、各省庁に白紙委任をしています。

　政府の国会答弁を踏まえ、それぞれの自治体が実施している独自のサービスが維持できる内容で標準化基準を設定するようにさせなければなりません。今後、自治体が新しい独自サービスを実施する場合でも、国の標準化基準が妨げにならないようにすることが必要です。国の標準化基準に従うだけではどうしても独自のサービスが実施できない場合、地方自治体が自らの判断でカスタマイズを行えるようにしな

9　衆議院内閣委員会 2021 年 3 月 12 日議事録・塩川鉄也委員の質問。

10　衆議院総務委員会 2021 年 4 月 15 日議事録・本村伸子委員の質問。

11　同上

ければなりません。

　総務省は地方自治体がカスタマイズを行うことを極力抑制するために財政誘導を行っています。標準化基準に適合させるために係る費用について国は一定の財政支援を行うとしていますが、標準化対象事務以外のシステム化やカスタマイズに係る費用は全額自治体の負担とされています。またノンカスタマイズ（カスタマイズを一切行わない）で情報システムを構築する自治体には、地方公共団体情報システム機構（J―LIS）を通じて、独自に財政支援を行うなど、アメと鞭で自治体のカスタマイズを抑制しようとしています。

システムの共同利用により、独自の住民サービスが妨げられる

　自治体独自のサービスを妨げるのは国だけではありません。「自治体クラウド」において「コストがかかる」ことを理由に、地方自治体が自ら独自サービスの実施を放棄する事例もあらわれています。富山県上市町では、町議会議員より「3 人目の子どもの国保税の免除、65 歳以上の重度障害者の医療費窓口負担の免除」を町独自の施策として行うように提案しましたが、町長は「自治体クラウドを採用しており、町単独でカスタマイズすることは、経費の軽減に向けての導入の決定意思に反する」と答弁して実施を拒否しました。[12] 滋賀県湖南市の市長は市議会で「事務について無理にカスタマイズするよりは、簡素化を図って業務を減らしていくことも大事だ」と答弁するなど、標準化基準に適合させることに乗じて、住民サービスを縮小させる自治体もあらわれています。「DX 推進計画」は「住民の利便性を向上させる」ことを意義でうたっていますが、現場では、自治体独自の住民サービスの実施が妨げられる事態が発生しています。

12　富山県上市町議会 2018 年 6 月議会議事録より。
13　衆議院内閣委員会 2021 年 3 月 12 日議事録・塩川鉄也委員の質問。

情報システムは、「地方自治の本旨」に基づいて取り扱われるべき

そもそも国には、地方自治体が実施する自治事務には「特に配慮」することが義務付けられています。地方自治法第2条13項は「法律又はこれに基づく政令により地方公共団体が処理することとされている事務が自治事務である場合においては、国は、地方公共団体が地域の特性に応じて当該事務を処理することができるよう特に配慮しなければならない」と定めています。「標準化」や「カスタマイズ抑制」の名のもとに独自の住民サービスの実施を妨げることは地方自治の本旨に反します。

標準化法に基づく情報システムを設定するにあたっては、独自の住民サービスが実施できるように、次のような施策を行わせることが必要です。

第一に、国の各省庁は、標準化基準を設定するにあたって、国会での政府答弁をふまえ、地方自治体からの意見を聞き、自治体独自の住民サービスが実施できる内容で基準を設定することです。標準化法は、標準化基準の作成に当たり、国に地方の意見を聞くことを義務付けています。全国の自治体からも、国に対して、独自の住民サービスが実施できる標準化基準を設定するように要請することが必要です。

第二に、各省庁が定める標準化基準に従うだけでは自治体独自の住民サービスが実施できない場合、地方自治体には地方自治の本旨に基づき、自由にカスタマイズができる権利を国に認めさせることです。カスタマイズを行う自治体には、国の責任で財政支援を行うべきです。

第三に、複数の自治体でクラウドを採用する場合でも、それぞれの自治体の独自性を尊重し、個別の自治体が独自の住民サービスを実施するためにカスタマイズを行うことを妨げないようにすることです。

4　行政手続のオンライン化について

―窓口のセーフティネット機能は確保できるのか

国は、窓口を無人化・廃止に向かわせようとしている

　「DX 推進計画」は、自治体の窓口などにおける行政手続きのオンライン化を促進するとしています。住民がより身近に行政へアクセスできるのであれば、オンライン化自体は否定されるものではありません。しかし国は、オンライン化に乗じて窓口を無人化、廃止に向かわせようとしていることに注意をしなければなりません。

　自治体業務のデジタル化を進めるために総務省が設置した「スマート自治体研究会」は、2019 年 5 月に発表した報告書で、「住民にとって、窓口に来ることは負担」「窓口に来なくても所期の目的を実現できないか、常に考える」という原則を打ち出しています[14]。デジタル化を推進する総務省で「デジタル化」を担当する幹部職員やアドバイザーは、窓口業務について「人が介在しなくても完結するサービスをめざす[15]」、「AI やマイナンバーカード等を活用した無人窓口も実現可能ではないか[16]」、「民間ではすでに窓口の廃止が進んでいる。自治体においても、窓口を便利にするのではなく、窓口をいかになくすか（来なくてもよいように）を考えるべき[17]」などと主張しています。

　オンライン化で窓口のサービスを向上させることと、オンライン化で窓口を無人化、廃止することは全く異なります。窓口の無人化・廃止は、これまでの国の考え方や方針を大きく転換させるものです。国は従来から窓口業務の民間委託を推進していますが、民間に委託する

14　総務省「スマート自治体研究会報告書」および概要（2019 年 5 月）。

15　植田昌也（総務省自治行政局行政経営支援室長兼 2040 戦略室長）「society 5.0 時代を見据えた自治体行政について」月刊『地方自治』、㈱ぎょうせい、2019 年、第 864 号、14～15 頁。

16　阿部知明（総務省大臣官房審議官）「これからの地方行政体制の姿―第 32 次地方制度調査会答申を読む」月刊『地方自治』、㈱ぎょうせい、2020 年、873 号、9 頁。

17　村上文洋（三菱総合研究所デジタルイノベーション本部主席研究員・内閣官房オープンデータ伝道師、総務省地域情報化アドバイザー）「窓口を便利にするのでなく、窓口に来なくてもよくする」、月刊『ガバナンス』、㈱ぎょうせい、2019 年、No.219、17 頁。

場合であっても「市町村は、住民基本台帳関係の事務等に係る窓口業務を処理するに際して、請求や申出に対する交付・不交付の決定や請求・届出内容等に対する審査そのものについては、市町村職員が自ら行う必要がある[18]」とし、住民の権利の得失に関わる公権力の行使に当たる事務は、地方公務員が自ら行わなければならないとしています。

　しかし今後は、窓口の無人化・廃止に向けて、交付・不交付の決定や請求・届出内容等に対する審査もデジタルや AI が職員に替わって行うようになるおそれがあります。申請や届出が「人（職員）が介在しなくても完結する業務」になれば、自治体の窓口は単なる自動販売機へと変質してしまいます。

住民が職員と対面する機会が失われる

　国の示す方針の通りに行政手続のオンライン化が進めば、住民は次のようなやり方で役所に申請等を行うことになります。

　①申請等は、自前のスマートフォンかパソコンを使ってオンラインで行う。住民からの申請等は職員を介在させずにデジタルや AI で自動処理される。申請等を行うためには本人確認のためにマイナンバーカードを取得することが必須条件とされる。

　②役所に問い合わせたいことがあれば、役所のホームページにアクセスして問い合わせ、自動回答機能を持った AI に回答をしてもらう。役所に電話をしてもホームページや AI の自動回答システムをまず利用するように促される。

　③どうしても職員と対面で相談をしたい場合は、役所の相談専用の窓口に別途オンラインで申し込む。

　窓口業務が以上のように変われば、住民は、職員と対面する機会が

18　「住民基本台帳関係の事務等にかかる市町村の窓口業務に関して民間事業者に委託することができる業務の範囲について」2008 年 3 月 31 日総行市第 75 号、総行自第 38 号、総税企第 54 号。

失われてしまいます。窓口業務を担当する職員は、相談業務など一部を除いて大幅に削減されるでしょう。相談専用の窓口が役所の本庁舎にしか設置されない場合、本庁舎から遠い地域に住んでいる住民はオンラインを使って相談することになります。手続きの窓口を設置している支所や出張所は廃止されることもあり得ます。役所に申請等を行う機械はコンビニにも設置されるでしょうが、そもそもコンビニがなかったり、コンビニが撤退した地域では、住民は自前のパソコンやスマートフォンからでしか申請等ができなくなります。デジタル化に対応できない高齢者は、行政サービスから遠ざけられてしまうおそれがあります。

目的は、申請・処理時間の短縮と人件費の削減

　総務省がオンライン化で実現するとしている「住民の利便性の向上」とは、申請・処理時間の短縮であり、「業務の効率化」とは、人件費の削減です。総務省はオンライン化による申請・処理時間の短縮と人件費削減の効果を実証するために、全国の自治体にモデルプロジェクトを募集し、デジタル企業と連携して、全額国の負担で実証実験を行いました。

　募集に応じて実証実験を行った深谷市（埼玉県）は、タブレットによる文字認証技術（OCR）を活用した申請書の作成や、顔認証技術を活用した本人確認で、申請手続きの自動化を試みました。この実験は、個人情報の取り扱いについて個別の本人確認が必要であったことから、住民は参加せず、市の職員のみで行いました。タブレットのカメラでマイナンバーカードや運転免許証などから顔写真を読み取って申請者の顔面を確認するとともに、氏名、住所、生年月日も読み取って自動入力を行いました。市職員は必要に応じて修正や他項目の入力を行い、審査の上、証明書を交付しました（図表2-6）。

図表 2-6　深谷市の窓口業務改革の実証実験

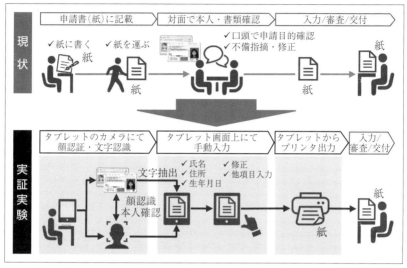

（総務省「平成 30 年度業務改革モデルプロジェクト」報告書概要、「深谷市セルフサービス化による窓口業務改革モデル事業」より）

高齢者は、申請書作成の時間が増大

　実験の結果、申請書の作成時間は 1 件当たり現状の平均 4 分 15 秒から 4 分 02 秒へと約 13 秒（約 5％）短縮しましたが、50 歳代や 60 歳代の高年齢層は反対に作成時間が大幅に増大しました。顔認証は実質的にほぼ 100％ の成功率であったとしていますが、他人の免許証に別の顔写真を貼りつけても本人確認の手続きができてしまう「なりすまし」の防止や、偽造カードの検知等は難しいとしています。人件費の削減効果については、本人確認及び書面確認の所要時間を 2 分と設定し、発行件数の多い 4 業務（①住民票等の写しの交付、②戸籍附票の写しの交付、③戸籍謄抄本等の交付、④納税証明書の交付）の年間総件数に職員の人件費単価（一人当たり 3,860 円／時間）を掛け合わせて計算しました。実験の結果、年間で約 4,471 時間が短縮され、約 1,726 万円

の人件費削減効果があったとしています。[19]

時間短縮ばかり追求すれば、サービスやチェック機能が低下する

　深谷市の実証実験結果は様々な課題を投げかけています。顔認証で
は「なりすまし」や偽造の防止が困難であることが明らかになりまし
た。タブレットの使用により申請書を作成する時間は全体の平均では
短縮されたとしていますが、高齢者は逆に現状よりも時間がかかるこ
とが判明しました。実証実験は市職員だけで行いましたが、窓口の
現場では実証実験に登場しなかった高齢者（70歳～80歳台）の住民が
訪れ、申請にかかる平均時間は実証実験の時よりもさらに増大するこ
とが予測されます。また、窓口で住民からの申請を受け付ける職員は、
申請者の問い合わせや要望に応えたり、申請の目的や申請書の記載事
項が適正であるかについて、対面でのやり取りを行いながら確認する
など、一人ひとりの状況に即した丁寧かつ厳格な対応が求められます。
申請の手続きにかかる時間の短縮ばかりを追求すれば、窓口における
サービスや不正チェックの機能が大幅に低下するおそれがあります。

　また、職員の人件費は窓口での申請時間が短縮されるほど削減効果
が大きいとしていますが、申請者への説明や問い合わせへの対応、申
請手続きのフォローなどのサービスにかかる時間がどれだけかかるの
かについては十分な検証が行われていません。

　実証実験の結果を受けて深谷市は、オンライン申請の効果を認めつ
つも、すべての窓口をオンライン化するのでなく、対面窓口も含めた
「住民それぞれのアクセスしやすい窓口のあり方を併設することが現
実的である」と報告書にまとめています。オンライン化で窓口の無人
化・廃止を進めようとしている総務省の考えとは異なり、対面の窓口

19　深谷市の実証実験は、2020年11月に自治労連・地方自治問題研究機構が深谷市から行ったヒアリン
　グおよび深谷市「平成30年度業務改革モデルプロジェクト報告書」をもとに記述しました。

を継続するとしていることは注目されます[20]。

窓口は住民を最善の行政サービスにつなぐ役割がある

窓口業務へのデジタル技術の導入を考えるに当たっては、まず、自治体の窓口業務が果たしている役割について、憲法と地方自治の観点に基づいて検証することが必要です。

自治体の窓口業務は、住民の出生から死亡まで人生や生活の重要な場面において、憲法に基づく基本的人権を保障するために、住民を最善の行政サービスにつなぐ役割を担っています。窓口を担当する職員には、各種の申請や届出等の受け付け、証明書の発行や各種手当等の給付、問い合わせや生活相談への対応など様々な業務において、憲法とそれぞれの業務の根拠となる法律や条例、規則に基づき、適切かつ迅速に対応することが求められます。

窓口業務には、住民の個人情報を適切に管理し、犯罪や人権侵害から住民を保護することも求められます。本人になりすました虚偽の申請を見抜いたり、DV加害者やヤミ金融業者からの不正な請求から、住民の安全、権利を守らなければなりません。申請者に対して、不審な点があれば質問し、相手の挙動なども観察しながら虚偽を見抜く能力も必要とされます。

手続の窓口は、生活相談と一体になっている

窓口で各種の申請等を受け付ける手続の業務や、住民からの様々な問い合わせに応じる業務は、住民と職員が直接に対話のできる場所です。住民から職員には、各種の申請や届出に付随して様々な問い合わせや相談が寄せられます。

窓口に訪れる住民の中には、自分や家族の抱えている問題が十分に

20　注19に同じ。

整理をされないまま問い合わせをする人が少なくありません。とりあえず申請や届出をしようと訪れた窓口で、まず自分の抱えている問題や家族の状況を話してから要件に入る人もいます。応対する職員は、まず住民の話を聞いて状況を把握し、当人とコミュニケーションを取りながら、該当する制度や手続きの説明を行い、関連する他の窓口や担当部署にもつなぎ、その住民に必要とされる行政サービスが提供されるようにしていきます。各種の手続きや問い合わせに対応する業務は、生活相談の業務とも一体になっています。

　納税の窓口を担当する職員は、滞納している税金を納めに訪れた住民の生活の状態を聞き取り、減免の要件に該当すると認められる場合には、減免申請ができることを説明したり、生活保護の窓口を紹介して担当部署につなぐこともあります。税金のほかに滞納している公共料金がないかを訊ね、国民健康保険料も滞納していることがわかれば、保険証が取り上げられて病院に行けなくなることがないように、国保料をまず支払うように助言して、国保の担当部署につなぐこともします。

　妊娠届を受け付けたり、母子手帳を交付する窓口は、妊産婦や乳幼児の状況を行政が把握する重要な場所になっています。厚生労働省が、子育て世代包括支援センターを設置している市区町村を対象に調査を実施したところ、87.8％の市区町村が「妊娠の届出・母子手帳の交付時の面談」を、「妊産婦・乳幼児等の継続的な状況の把握のために十分に活用している」と答えています[21]。妊娠届出書に独自のアンケートを設けている自治体も多くあります。「妊娠して今の気持ちはいかがですか？」「出産する医療機関は決まっていますか？」「妊娠中から産後にかけて援助してくれる人がいますか？」「経済的な不安はありますか？」「困っていること、相談したいことはありますか？」などアンケ

21　厚生労働省「子育て世代包括支援センター業務ガイドライン」、2017年8月、3頁。

ートの設問項目ごとに、職員が届出に訪れた妊婦から聞き取り、当人のおかれている状況を把握します[22]。妊婦の中には、一人暮らしで経済的な困難を抱えていたり、夫から DV の被害を受けている人もいます。出産しても誰からの支援も受けられずに孤立化し、ストレスや悩みから児童虐待を引き起こしてしまうおそれのある人もいます。職員は窓口に訪れた妊婦と丁寧な面談を行い、生活難や DV の問題を抱えていないか、将来、児童虐待を引き起こしてしまう可能性がないかを、専門的な知見も活かして早期に発見し、当人に必要とされる支援策を紹介して、利用を働きかけています。

住民からの相談を待つのでなく、窓口から手を差し伸べる

公共料金を取り扱うすべての窓口業務を、生活困窮者を発見して必要な支援につなげる業務に結びつけている自治体もあります。野洲市（滋賀県）は、住民の生活困窮を予防するために「くらし支え合い条例」（2016 年 10 月 1 日施行）を制定し、納税推進室（県市民税、国民健康保険税、固定資産税、軽自動車税）、保険年金課（後期高齢者医療保険料）、高齢福祉課（介護保険料）、住宅課（市営住宅家賃）、上下水道課（上下水道料）、学校教育課（給食費）の窓口で、住民の生活情報を共有化して生活を支援する体制を取っています。それぞれの窓口では、公共料金を滞納している住民に「借金はありませんか？」と丁寧に聞き取り、借金が判明すれば生活相談を専門に担当する市民生活相談課につなぎ、法律家も紹介して債務整理の支援をしています。住民から相談を持ちかけて来るのを待つのではなく、行政の側から生活困窮者を早期に発見して支援につなぐ方式を導入することにより、事態が深刻化してから寄せられる多重債務の相談件数が年々減少しているといいます[23]。野

---

22 アンケートの設問は、筆者の住居地である堺市の妊娠届出書から引用しました。

23 野洲市の取り組みは、生水裕美「野洲市生活困窮者支援事業―おせっかいでつながりあう仕組み」『自治実務セミナー』、第一法規出版社、2016 年 4 月号、22 頁。宇都宮誠実「地域の困っている人を助け

洲市の取り組みを自治体の生活支援策のモデルとして評価する厚労省の職員は「生活困窮者には、自ら解決策を見出すことが難しくなっているばかりか、自ら SOS を発することも難しくなっている方々も多い」とし、窓口業務には、対象者が行政にアクセスすることを受け身で待つのではなく、対象者を発見して積極的に手を差し伸べる「アウトリーチ」の役割があるとのべています。[24]

　役所に相談専用の窓口を設けて専任の職員を配置しても、生活に困難を抱える住民が自分の相談したい内容を正しく理解し、役所に進んで相談を持ちかけることは容易ではありません。住民の中には、貧困や DV・虐待など様々な困難を抱えていても、困難を自己責任によるものと捉えて行政に相談しない人も少なくありません。しかし、日頃から住民と接する機会の多い窓口業務を担当する職員なら、住民からの SOS 信号を感じ取り、問題解決の方法をアドバイスして生活再建への支援策につなぐことができます。手続きの業務を担当する窓口は、住民の抱えている問題を発見し、住民を生活相談専用の窓口や各種支援策の利用へと誘導する役割を担っています。

職員は窓口の経験を積み重ねることで、専門性やノウハウが培われる

　職員にとっても、各種の手続きや問い合わせに対応する窓口業務は、行政サービスの仕事を担うのに必要な専門性やノウハウを身につける重要な場所になっています。職員は、窓口で住民と直接やり取りをする経験を積み重ねることで、住民のくらしの実態や要求、ニーズをじかに把握することができ、住民本位の政策を企画できる能力や感性を身につけられるようになります。窓口業務にオンラインの技術を導入しても、職員が窓口業務の実務経験を積んでいなければ、オンライン

　　る『おせっかい』の拠点」『まちと暮らし研究』（一財）地域生活研究所、2014 年 6 月号、27 頁を参照。
　24　本後健「『生活困窮者支援制度』をどう活用するか」『自治実務セミナー』、第一法規出版社、2016 年
　　4 月号、8 頁。

で処理した内容が正しいのかどうかをチェックし、修正することもできなくなります。

　以上の事例に示したように、自治体の窓口業務は、「人（職員）が介在しなければならない業務」であり、デジタルで無人化ができる自動販売機のような業務ではありません。「申請・届出などの手続き」から「問い合わせへの対応」、「生活相談」まで一連の業務が職員の連携とチームワークによって密接に結びついています。窓口の業務を切り分け、「手続き」や「問い合わせ対応」の業務をオンラインに一本化して「人（職員）が介在しなくても完結するサービス」にすると、行政は住民の生活実態を把握するのが困難になり、住民に必要な行政サービスが提供されなくなるおそれがあります。窓口業務のオンライン化推進で、自治体のセーフティネットの機能が失われることがあってはなりません。また、システムの開発や変更、メンテナンスについても、国や民間企業まかせにするのでなく、自治体が自らチェックできるように、システムに管理・関与できる職員の体制も確保すべきです。システムが災害やトラブルなどによって機能しなくなった場合には、職員が即時に対応できる体制も確保しなければなりません。

　住民が安心して地域に住み続けられるようにするために、自治体が本来やるべきことは、住民の身近なところに窓口を配置し、職員が住民のくらしに寄り添いながら、行政サービスを提供できる体制をつくることです。窓口業務を担当する職員は、安心して公務に専念できるように正規職員として配置し、必要な人数を確保しなければなりません。国は、自治体が必要とする職員を採用・配置できるように財源確保をはじめとした積極的な支援を行うべきです。地方交付税についても、法定率を抜本的に引き上げて一般財源を充実させることが必要です。

5　AI の活用について
―職員ぬきに住民と AI だけで完結させてよいか？
チャットボットで AI が住民を誤誘導するおそれ

　窓口業務のデジタル化の目玉施策として、住民から役所への問い合わせに AI チャットボットが職員に替わり自動応答で対応するシステムが各地の自治体で導入されています。

　㈱三菱総研などの企業が総務省の協力を得て各地の自治体で実証実験を行いながら開発したシステムを、各地の自治体が導入しています。豊橋市（愛知県）も同システムを活用して AI のチャットボット方式による自動問い合わせサービスを本格的に実施しています。豊橋市のホームページからアクセスできる AI「トヨッキー君」に、メールで手続きや制度について問い合わせると AI が回答をしてくれます[25]。筆者が試しに豊橋市のホームページから問い合わせたところ、下記のようなやり取りになりました。

（問 1）　国民健康保険料と市民税と水道料金の 3 つを滞納し、生活に困って全部を一度に支払えなくて困った場合、どれを優先して支払ったらいいのでしょうか？

（答 1）　督促状が届きます。本来納付する金額のほかに延滞金が発生する場合もあります。

（問 2）　マイナンバーカードは、どうしても取得しなければなりませんか？取得しなければ不利なことでもあるのですか？

（答 2）　こちらのことでしょうか？
　　　　　マイナンバーカードを作る場合について
　　　　　マイナンバーカードの電子証明を発行・失効・更新したい

　（問 1）と（問 2）は、実際に窓口で住民から問い合わせのある事例です。ちなみに（答 1）は筆者がこれより 1 年ほど前に同様の質問を

25　豊橋市の AI チャットボットは、市のホームページ（https://www.city.toyohashi.lg.jp/）を参照。

した時には「市民税のお問合せは、こちらの窓口（ホームページ）に問い合わせてください」という回答でした。問の「市民税」というキーワードに機械的に反応したものと思われます。その後、いくつかの問い合わせのパターンを「学習」して、こんどは「督促状が届きます」という回答に「進化」しています。（答2）は、同じく1年ほど前に質問した時は「マイナンバーカードの紛失については、こちらの窓口（ホームページ）に問い合わせてください」という回答でしたが、今回も、質問の趣旨に対応しているとは言えません。

　（問1）について、窓口の職員であればまず住民の生活の状況を聞き、担当部署とも相談しながら対応を行います。いきなり「督促状が届きます」という回答だけをすれば、住民は委縮してしまい、あわてて闇金融などから無理な借金をして支払いをするかもしれません。督促を逃れようとして窓口にアクセスすることをやめてしまうこともありえます。これでは住民を最善の行政サービスにつなぐのでなく、住民を誤まった方向へ誘導してしまうおそれがあります。

　（問2）は、住民の個人情報保護など基本的人権にも関わる事項です。自治体にはマイナンバーカードの取得は任意であることなど、丁寧な説明を行うことが求められます。窓口で職員が（答2）のような対応を行えば、住民は怒りだすかもしれません。

　AIチャットボットが要領を得ない回答をしていることについて豊橋市の説明では、「本市のAIチャットボットはルールベースによるAI活用を実施しており、ディープラーニング（深層学習）技術は使用せず、処理の高度化機能はない」「問い合わせに対する回答は市ホームページへのリンク掲示などにより、そちらを確認して頂くことで、より詳細の回答を提供することとしている」「質問に対して回答がずれているなど課題はあるが、誤った回答はしていない。今後、言葉の揺らぎを正しく解読するように改善したい」「補助金や手当、申請時に必要な

書類等、個別固有の状況により判断が必要なものは、ホームページに
よる一般的な回答を確認して頂き、あとは電話、窓口にお問合せして
頂く回答を用意している」としています。[26]

　豊橋市の AI チャットボットは、住民と AI だけで完結させることを
想定しておらず、問い合わせをした住民がその後、職員に直接アクセ
スして対話ができるようにしています。しかし、AI チャットボットが
要領を得ない回答を繰り返せば、住民は必要な行政サービスにアクセ
スすることができなくなることもありえます。システムの運用状況を
検証し、問題があれば改善を図ることが必要でしょう。

ディープランニングで、ブラックボックス化する懸念が

　住民からの問い合わせに、AI チャットボットが十分に回答できな
いのであれば、ディープランニングの技術を積極的に導入して AI の
「回答能力」を高めればよいのでしょうか。AI の機能をより高度化す
れば、行政として裁量を伴う判断が求められる事項でも、職員を介在
させることなく、住民と AI とのやり取りだけで完結させてよいので
しょうか。

　筆者がヒアリングを行った川崎市は、豊橋市と同じシステムで AI
チャットボットの実証実験を行って検討した結果、「ディープランニン
グの技術は、高精度な判断と処理結果が期待できる反面、複雑なアル
ゴリズムであればあるほど、ブラックボックス化する懸念もあり、そ
の修正手法など不明確な部分がある」「自治体業務の制度変更をはじめ
運用手法などが大きく変わる場合のメンテナンスや、市民に対して誤
った情報や誤認識による判断を繰り返してしまった場合のリカバリー
が困難になることが予想される」ことを課題に取り上げ、本格的な実

26　豊橋市担当者の説明は、自治労連・地方自治問題研究機構が 2020 年 2 月に行ったヒアリングをもと
　に記述しました。

施はいったん見合わせました。市の職員からも「AIだけのやりとりで完結してしまうのは怖い部分がある。最終的には該当部署や担当者へつながる仕組み（エスカレーションできる仕組み）であるとよい」という意見が出ていました[27]。

AIの機能が高度化するほどブラックボックス化が進み、職員の検証が困難になるのであれば、AIが住民に回答をした内容に自治体は責任を持つことができなくなります。

その後、川崎市が2021年3月より導入したAIチャットボットでは、あらかじめ市の職員が作成した想定質問を複数示し、質問の趣旨に近いものを住民に選んでもらうようにしています。選んだ質問に対して、市の職員が作成した回答文が表示されます。該当する質問がなければ住民は自分で質問を入力しますが、複雑な質問はAIに答えさせず、直接、担当課の市職員に問い合わせてもらうようにしています。AIが職員の想定していない回答を行わないようにQ&Aの内容を規制し、選択肢で示していない質問には市職員が直接対応するようにしています。

AIは新たな事象に対応できないことも

AIは、過去に蓄積された大量のデータを解析してパターンを学習し、ある目的を達成するのに最適の「判断」や「予測」を短時間で割り出す機能をもちます。しかし、データの内容に偏りがあったり、データが古い価値観に基づいたものであれば、AIが間違った「判断」を繰り返すおそれがあります。また、過去のデータにはない新たな事象が発生した場合、これに対応する新たな価値観を生み出すことはできません。

大手のWebサービス会社Amazonは、AIに社員の採用を選考させ

27　自治労連・地方自治問題研究機構が2019年6月に行った川崎市の行政ヒアリングをもとに記述しました。川崎市総務企画局情報管理部ICT推進課「AI（人工知能）を活用した問い合わせ支援サービス実証実験実施結果報告書」（2017年3月）を参照。

たところ、女性差別で応募者の評価をしていたことがわかり、急きょ AI を使うのを取りやめました。Amazon は、人材採用業務を効率化させるため、過去 10 年間分の履歴書パターンを学習させ、AI 採用システムを開発していました。応募者をランク付けし、5 点満点の応募者を明示して、採用を行うことがシステム開発のねらいだったといいます。しかし「女性チェス部の部長」や「女子大卒」といった、「女性」に関する単語が履歴書に記されていると、応募者の評価が下がることが明らかとなりました。過去の技術職の応募がほとんど男性だったため、男性を採用するのが好ましいと AI が認識したことが要因でした。女性差別をしないようプログラムは修正されましたが、別の差別も生み出す可能性があるとして、このプロジェクトは打ち切りとなりました[28]。

　地方自治体においても、過去には妥当とされていた事務処理であっても、その後の事情の変化によって運用や解釈を見直さなければならない事務は少なくありません。行政としての判断が求められる業務を AI だけにまかせると、Amazon の社員採用と同じような問題が発生する場合があります。

AI には、職員のチェックが不可欠

　また、AI は人間の思考回路とは異なるシステムで作動するため、職員がチェックをしなければ住民の安全を脅かす事態まで引き起こします。浜松市は 2019 年 10 月に発生した台風 19 号で、市内に住む外国人（ポルトガル人）向けに AI の自動翻訳機能を使って避難情報を発信しました。しかし AI は「高塚川周辺に避難勧告が出ました」とすべきところを、文法の解釈を誤って「高塚川に避難するよう勧告が出ました」と翻訳して発信をしてしまいました。市はこのミスに気付かず

28　「ロイター通信」2018 年 10 月。

に2回も発信し、後で市民団体から指摘をされて誤りに気付き、訂正しました。浜松市は「当日は土曜の夕方で、ポルトガル語に詳しい市職員がおらず、自動翻訳を信用して配信してしまった。今後は日本語とポルトガル語の両方を理解できる人がチェックする体制を整える」とのべています。[29]

AIで同じ結果が出せるのであれば、職員は撤退してよいか

AIを自治体の業務に導入することについては様々な問題や課題がありますが、AIの中には、職員が行ったのと同じ水準での結果をより短時間で出すことのできる機能を備えたものもあります。AIが出した結果について、ブラックボックス化させることなく、職員が検証することが可能であれば、導入した業務から職員は撤退してもいいのでしょうか。その特徴的な事例の一つとされている保育所入所のマッチング業務について、筆者がヒアリングを行ったさいたま市の事例をもとに検討します。

さいたま市は保育所の利用調整にあたり、申請者の入所希望の優先順位や兄弟同時入所希望等について、市が過去に行ってきた割り当てルールを学習したAIが組み合わせを点数化して、得点の高い組み合わせを瞬時に出すシステムを導入し、実証実験を行いました。これまで約30人の職員が休日を返上して、3日間でのべ約1500時間、職員1人当たり平均50時間かかっていた業務をわずか数秒で行い、結果は、職員が行ったものと93％が一致したといいます。AIの活用で職員の大幅な削減をめざす国の考え方に基づけば、職員を業務から撤退させて、全面的にAIに置き換えてもよさそうな業務です。しかし、さいたま市は、AIを導入しても担当する職員は引き続き配置し、AIは職員の過密な労働負担を軽減することを目的に活用するとしています。

---

29 「朝日新聞」2019年10月18日。

AI だけで完結すれば、職員と市民のつながりが失われる

　さいたま市の担当者は「AI を導入しても職員が行っていた業務の質を超えるものではない。職員の行ってきた業務を 100 点とすれば、AI でどれだけそこに近づけるかが課題だ。入所結果についての保護者への説明など、AI だけでは完結しない業務はやはり職員が行わなければならない」「マッチング業務を担当してきた職員は、子どもの名前を見ただけでその家庭の状況がわかるようになっている。マッチング作業が現場から離れた AI だけで完結してしまっては、それまで（職員が）作業を通じて培ってきた地域・保護者・子育てをめぐる知識やノウハウ、市民とのつながりを失うことになりかねない」として、職員によるマッチング業務の体制は残し、AI と付き合わせた検証は行うとしています。[30] 職員の労働負担を軽減し、職員が保育行政に専念できるようにするための AI 活用方法として、参考になる事例だと言えます。ところが、さいたま市では、保育所マッチング業務に AI を本格的に導入した 2020 年 1 月、不幸にもシステムがトラブルを起こしてしまいました。職員は休日返上で対応に追われましたが、マッチング業務に携わる職員を配置していたことにより、トラブルに対応ができ、保護者に被害は及びませんでした。[31] もしも職員が撤退していたら、業務に重大な支障が生じたでしょう。

AI やマニュアルに頼るだけの職員にしてはならない

　窓口業務では、ベテラン職員のノウハウを AI システムに蓄積させ、これを新人の職員がマニュアルとして活用している事例もあります。大阪市などでは、AI による戸籍業務の支援として実証実験を行いました。戸籍の窓口を担当する職員が経験年数を問わず、より適確かつ迅

30　自治労連・地方自治問題研究機構が 2019 年 8 月に行ったさいたま市のヒアリングをもとに記述しました。
31　「毎日新聞」2020 年 2 月 5 日。

速な判断を行うことができるようにするというものです。戸籍につい
ての法令や通知、過去の運用事例など、これまで全国の自治体で行わ
れていた事例をデータで蓄積し、その中から住民の具体的な事例に応
じて適確な対応策をマニュアルで示すものになっています。このシス
テムの導入については、①職員が活用することを通じて、戸籍業務に
ついての専門性を身に着けることができ、ノウハウが職員自身にも蓄
積、継承できるようになっているのか、②マニュアルにはない新たな
事例が発生した場合にも、職員が現場で適確に対応できる体制は確保
されるのか、③将来の戸籍の制度や運用の改正にも適切に対応ができ
るようになっているのか、ということが検討されなければなりません。

　ベテラン職員が築いたノウハウや専門性は、AIだけに引き継がせて
はならず、何よりも次世代の職員自身に引き継がれるようにしなけれ
ばなりません。職員がAIの示したマニュアルだけに頼って仕事をす
るのではなく、AIを活用することで自らの専門性やノウハウを蓄積で
きるように活用するべきです。職員を減らしたり、いつでも置き換え
可能な非正規雇用や民間委託を導入するための手段としてAIを活用
するのは論外です。

AIは、職員の代替手段ではなく、補助手段として活用するべき

　デジタル技術を行政サービスの向上や職員の負担軽減に活用するこ
とは可能です。しかし、国の方針に基づいてデジタル化を進めれば、行
政サービスの深刻な低下、人権侵害、自治体職員の削減などの重大な
問題を引き起こすおそれがあります。

　本稿でも詳述したように、自治体の行政サービスは、医療、福祉、教
育はもとより、窓口業務も含めて、人間（住民）を相手とする「対人
サービス労働」を本質とする公務労働によって提供されています。公
務労働を担う職員は、住民とのコミュニケーション関係を媒体に、要

求やニーズを把握して応答し、憲法に基づいて必要とされる行政サービスを提供することを通じて、要求やニーズを充足させる役割を担っています。[32]「DX 推進計画」は、自治体の職員不足に対応することも理由にあげてデジタル化を打ち出していますが、職員不足による行政サービス低下の問題は、デジタル化で解決させることはできません。デジタルの技術を、職員を削減するための手段として利用するのであれば、行政サービスを提供する公務労働が失われることになり、「住民の福祉の増進を図る」（地方自治法第 1 条の 2）という自治体の役割そのものを放棄することにもつながります。

　AI の技術は、職員を削減してこれに置き換えるための「代替手段」として導入するのでなく、職員が憲法第 15 条 2 項に基づく「全体の奉仕者」として従事する公務労働の質を高めるための「補助手段」として活用することです。窓口業務で手続きの業務をオンライン化する場合であっても、すべてを無人のオンライン申請等に一本化するのでなく、業務を担当する職員は引き続き配置し、住民が職員と直接の対話、やりとりのできる体制を確保することです。AI による業務処理の内容について、職員がチェックでき、住民に行政責任を果たすことのできる管理運営体制を確保することです。公権力の行使など職員の裁量による判断が必要とされる事項については、デジタルや AI と住民とのやりとりだけで完結させるようなことがあってはなりません。

おわりに

　自治体の「デジタル化」をめぐる問題は本稿で指摘した内容にとどまりません。住民の個人情報保護規制の緩和・撤廃、マイナンバー制度とマイナンバーカード、スーパーシティ構想など、憲法に基づく住

32　二宮厚美「憲法民主主義のもとでの新たな地方自治体像と公務労働像」『民主的自治体労働者論』、大月書店、2019 年、251 頁。

民の自己情報コントロール権を奪う問題にどう対応するのかということも重要な争点になっています。[33]

　冒頭でも述べたように、自治体の業務にデジタル技術を導入することは、住民のくらしと権利、地方自治、自治体職員のあり方の基本に関わる重要な問題です。住民、自治体職員、議員のみなさんが、これからデジタル政策に関わる学習、調査研究、提言などの取り組みを進めるにあたり、本稿で提起した内容を参考の一つにして頂ければ幸いです。

　※本稿は「デジタル化でどうなる暮らしと地方自治」(共著) 自治体研究社、2020 年、125 頁～135 頁および「自治と分権」84 号、大月書店、44 頁～55 頁で筆者が論述した内容に、その後の情勢の展開や、新たに判明した事実を踏まえて大幅に書き改めたものです。

33　マイナンバーと個人情報保護の問題については黒田充「あれからどうなった？マイナンバーとマイナンバーカード」(日本機関紙出版センター)、「マイナンバー制度とプロファイリングされない権利」(自治労連・地方自治問題研究機構「自治と分権」84 号　2021 年 7 月 33 頁以下) を参照。

〈著　者〉

本多　滝夫（ほんだ　たきお）（第Ⅰ部）
龍谷大学法学部教授　専門分野：行政法
1958年、愛知県生まれ。2001年4月、龍谷大学法学部教授、2005年4月、同法科大学院教授
2017年4月より現職。2017年4月〜2020年3月まで龍谷大学情報メディアセンター長。2020
年4月より法学長。

久保　貴裕（くぼ　たかひろ）（第Ⅱ部）
自治労連・地方自治問題研究機構主任研究員
1960年岐阜県生まれ。1985年大阪衛都連本部書記、大阪自治労連執行委員、大阪自治体問題
研究所常務理事、自治体問題研究所理事を経て、2011年より自治労連中央執行委員、2017年
より現職。

自治体DXでどうなる地方自治の「近未来」

2021年9月30日　　初版第1刷発行

　　　　　　著　者　本多滝夫・久保貴裕

　　　　　　発行者　長平　弘

　　　　　　発行所　㈱自治体研究社
　　　　　　　　　　〒162-8512
　　　　　　　　　　東京都新宿区矢来町123 矢来ビル4F
　　　　　　　　　　TEL：03・3235・5941／FAX：03・3235・5933
　　　　　　　　　　http://www.jichiken.jp/　E-Mail：info@jichiken.jp

ISBN978-4-88037-729-2 C0031　　　　　　　DTP：赤塚　修
　　　　　　　　　　　　　　　デザイン：アルファ・デザイン
　　　　　　　　　　　　　　　印刷・製本：モリモト印刷㈱

デジタル化でどうなる暮らしと地方自治

白藤博行・自治体問題研究所編　　定価 1540 円

コロナ禍のなかで行政のデジタル化が声高に叫ばれ、マイナンバーカードの普及も急だ。自治体の戸籍・税務・健康保険など、現場の実務にそって、行政デジタル化の問題点を考える。

「公共私」・「広域」の連携と自治の課題
[地域と自治体第 39 集]

榊原秀訓・岡田知弘・白藤博行編著　　定価 2530 円

コロナ禍の下「行政のデジタル化」が最優先で進められている。第 32 次地制調の答申を受けて、国が進めている地方自治制度再編の動きはどうなるのか、自律・自治の自治体論の観点から考察。

行政サービスのインソーシング
―「産業化」の日本と「社会正義」のイギリス

榊原秀訓ほか著　　定価 1760 円

日本では行政（公共）サービスは民営化、産業化が唯一の選択肢とされているが、イギリスでは再公営化、インソーシングの事例がみられる。日英比較を通して行政サービスのあり方を考える。

公共サービスの産業化と地方自治
──「Society 5.0」戦略下の自治体・地域経済

岡田知弘著　　定価 1430 円

公共サービスから住民の個人情報まで、公共領域で市場化が強行されている。変質する自治体政策や地域経済に自治サイドから対抗軸を示す。

「自治体戦略 2040 構想」と自治体

白藤博行・岡田知弘・平岡和久著　　定価 1100 円

「自治体戦略 2040 構想」研究会の報告書を読み解き、基礎自治体の枠組みを壊し、地方自治を骨抜きにするさまざまな問題点を明らかにする。